# 中华人民共和国
# 基本医疗卫生与健康促进法
# 专家解读

国家卫生健康委法规司　编

**图书在版编目（CIP）数据**

中华人民共和国基本医疗卫生与健康促进法专家解读/国家卫生健康委法规司编. --北京：中国人口出版社，2021.1

ISBN 978-7-5101-7792-7

Ⅰ.①中… Ⅱ.①国… Ⅲ.①卫生法-中国-文集 Ⅳ.①D922.164-53

中国版本图书馆 CIP 数据核字(2020)第 271785 号

**中华人民共和国基本医疗卫生与健康促进法专家解读**

ZHONGHUA RENMIN GONGHEGUO

JIBEN YILIAO WEISHENG YU JIANKANG CUJIN FA ZHUANJIA JIEDU

国家卫生健康委法规司　编

---

责任编辑　于艳慧
美术编辑　夏晓辉
责任印制　林　鑫　单爱军
出版发行　中国人口出版社
印　　刷　北京朝阳印刷厂有限责任公司
开　　本　700 毫米×1000 毫米　1/16
印　　张　15.25
字　　数　170 千字
版　　次　2021 年 1 月第 1 版
印　　次　2021 年 1 月第 1 次印刷
书　　号　ISBN 978-7-5101-7792-7
定　　价　38.00 元

---

网　　址　www.rkcbs.com.cn
电子信箱　rkcbs@126.com
总编室电话　(010) 83519392
发行部电话　(010) 83510481
传　　真　(010) 83538190
地　　址　北京市西城区广安门南街 80 号中加大厦
邮政编码　100054

---

# 前　言

2019年12月28日，国家主席习近平签署第三十八号主席令，内容是，《中华人民共和国基本医疗卫生与健康促进法》已由中华人民共和国第十三届全国人民代表大会常务委员会第十五次会议于2019年12月28日通过，现予公布，自2020年6月1日起施行。

《中华人民共和国基本医疗卫生与健康促进法》是我国卫生与健康领域第一部基础性、综合性的法律。基本医疗卫生与健康促进法以习近平新时代中国特色社会主义思想为指导，全面贯彻落实习近平总书记在全国卫生与健康大会上的重要讲话精神和《“健康中国2030”规划纲要》等党中央、国务院文件精神，坚持以人民为中心、为人民健康服务。该法的颁布实施对于用法治引领和推动医药卫生体制改革发展，全面落实健康中国战略，尊重和保护公民健康权，提升全民健康水平具有里程碑式的重大意义。

为了让大家更好地了解掌握这部重要的法律，国家卫生健康委法规司组织专家对该法进行了较为全面、深入的解读。本书从专家的视角，从不同方面、角度对该法进行了解读，可以帮助我们更好地了解这部法的来龙去脉，掌握该法的重大意义和精神实质，有助于利用该法指导今后的相关工作。因时间和水平有限，书中如有不妥和疏漏之处，敬请批评指正。

国家卫生健康委法规司
2020 年 12 月

# 目　录

# 第 1 篇

# 卫生健康领域的基础性综合性法律

## ——基本医疗卫生与健康促进法在构建卫生健康法律体系中的使命与功能

■ 王晨光

2019 年 12 月 28 日，十三届全国人大常委会第十五次会议审议通过了《中华人民共和国基本医疗卫生与健康促进法》，自 2020 年 6 月 1 日起施行。这是我国卫生健康领域第一部基础性、综合性的法律，对建构卫生健康法律体系，推进卫生健康法治发展，引领和推动卫生健康事业改革，全面落实健康中国战略，尊重和保护公民健康权，提升全民健康水平具有里程碑式的重大意义。

## 一、立法历程及立法思路变化

卫生健康领域立法历来是全国人民、党和国家高度关注的重大事项。早在 1996 年，国务院法制局在其该年度立法规划中就把“初级卫生保健法”列为二类立法项目，即着手调研论证、待条件成熟后适时提请审议的项目。1999 年 12 月 25 日，九届全国人大常委会第十三次会议通过的全国人大科教文卫委员会审议人大代表议案结果的报告中提出："制定一部全面规范卫生工作的基本法律，用法律推进和保障改革的顺利进行是完全必要的。"

2003 年，十届全国人大常委会将"初级卫生保健法"列入立法规划第一类项目，并明确由国务院提请审议。这标志着该法正式进入全国人大的立法程序。2006 年 7 月，全国人大教科文卫委员会在京召开"初级卫生保健法"立法工作研讨会，卫生部也着手起草工作。2008 年，十一届全国人大常委会继续将这一项目列入立法规划第一类项目，并将法律名称调整为"基本医疗卫生保健法"。2009 年，中共中央、国务院发布了《关于深化医药卫生体制改革的意见》，要求加快推进基本医疗卫生立法。在 2010 年 3 月举行的十一届全国人大三次会议期间，王静成等 33 名代表提出"制定《中华人民共和国卫生法》"的议案。全国人大教科文卫委员会建议有关部门，认真研究代表议案提出的问题和建议，进一步修订和完善现行法律制度，并研究论证综合性卫生立法的必要性。2013 年，十二届全国人大常委会将"基本医疗卫生法"列入立法规划第一类项目。2014 年，党的十八届四中全会提出建立由全国人大相关专委会、常委会法工委组织有关部门参与起草综合性、全局性、基础性等重要法律草案的制度。为加快立法进程，草案的起草和提案机关调整为全国人大教科文卫委员会。2014 年 12 月 30 日，全国人大教科文卫委员会在京召开了"基本医疗卫生法"起草工作机构第一次全体会议暨"基本医疗卫生法"起草工作启动仪式，标志着该法正式进入立法程序，立法工作全面启动。2015 年 6 月 1 日，全国人大常委会把"基本医疗卫生法"正式列入立法规划，牵头机构为全国人大教科文卫委员会。在该委员会的领导下，国家卫生和计划生育委员会成立了该法的起草专班，在广泛调研的基础上，承担了该法的起草工作。

在起草过程中，全国卫生与健康大会于2016年8月19日召开。习近平总书记出席并在会上发表了重要讲话，明确提出：要倡导健康文明的生活方式，树立大卫生、大健康的观念，把以治病为中心转变为以人民健康为中心。2016年10月，中共中央、国务院印发了《“健康中国2030”规划纲要》。全国人大教科文卫委员会认为，这些重大举措和部署，将卫生与健康工作提到了一个新的高度，不仅对卫生与健康工作本身提出了新的要求，同时也对立法工作提出了新的要求，原来的法律名称和调整范围已经不能完全适应新形势对卫生立法的要求，因此将法律名称调整为“基本医疗卫生与健康促进法”，同时相应扩充了法律的调整范围，主要增加了健康促进的相关内容①。

该法草案在2017年夏提交全国人大常委会法制工作委员会进行修改。同年12月22日，十二届全国人大常委会第三十一次会议对《中华人民共和国基本医疗卫生与健康促进法（草案）》进行审议，科教文卫委员会主任委员柳斌杰向全国人大常委会提交的该法起草说明中称其为“卫生与健康领域第一部基础性、综合性的法律”；并将该法草案向社会发布，公开征求意见。2018年10月22日，十三届全国人大常委会第六次会议对该草案进行了第二次审议；2019年8月22日，全国人大常委会第十二次会议

---

① 许安标．加强公共卫生体系建设的重要法治保障——《基本医疗卫生与健康促进法》最新解读［J］．中国法律评论，2020（3）：174.

进行了第三次审议；2019 年 12 月 28 日，该法经全国人大常委会第十五次会议第四次审议后通过，并于 2020 年 6 月 1 日正式施行。

如果从 2003 年该法正式被全国人大常委会纳入立法规划算起，其立法经历了十六年之久。这一立法历程反映出该法在制定过程中立法思路的如下变化。

### （一）该项立法在内容上的变化

该法最初的名称为“初级卫生保健法”。这一立法内容的确定源于我国宪法第四十五条的规定，即“公民在年老、疾病或者丧失劳动能力的情况下，有从国家和社会获得物质帮助的权利”，以及“国家发展为公民享受这些权利所需要的社会保险、社会救济和医疗卫生事业”。同时也是为了响应由世界卫生组织和联合国儿童基金会于 1978 年召开的国际初级卫生保健大会及该大会通过的《阿拉木图宣言》的要求，即“政府为其人民的健康负有责任”“所有政府应拟订出国家的政策、战略及行动计划，在其他部门的协作下发起并持续开展作为国家全面的卫生制度组成部分之一的初级卫生保健”，履行我国对该宣言提出的“2000 年人人享有初级卫生保健”全球卫生战略目标的承诺。随着立法的推进和深化医药卫生改革研究的深入，对于“初级卫生保健”（Primary Health Care 当时的中文译名），人们开始更多地使用“基本医疗卫生”的表述，认为其更能反映 Primary Health Care 的内涵。在 2016 年全国卫生与健康大会后，在大健康理念的指引下，该法的内容进一步得到了拓展，即不仅包括针对疾病的医疗卫生服务，而且包括了全生命周期的卫生与健康服务，并把健康促进的内容纳入该法调整的范围之内。这一拓展体现了把卫生与健康事业从“以治病为中心”转变到“以健康为中心”的基本理念的转变和提升。

### （二）该项立法在法律定位上的变化

在立法初期，该法是作为卫生与健康事业中一个具体领域的单项立法，即仅就基本医疗卫生保健进行立法。随着上述立法内容的拓展，卫生与健康主管部门和立法机构越来越觉得有必要就整个卫生与健康领域制定一部基础性的法律，为卫生与健康领域所有法律法规构筑坚实的基础。卫生与健康领域是我国社会中一个至关重要的领域，不仅关系着每一个公民和家庭，而且关系着整个民族的兴旺和小康社会建设。习近平总书记指出，没有全民健康，就没有全面小康。虽然我国在卫生健康领域已经先后制定了十几部单行法律，但仍然缺乏一部涵盖全领域的基础性法律。有鉴于此，该项立法从最初设想的单行法律，上升为统揽整个领域的基础性法律。

### （三）该项立法在立法宗旨和基本方针上的变化

立法应当与时俱进，发现并按照社会运行及发展的规律和趋势制定法律规范。虽然该项立法起步较早，但是其经历了我国医药卫生体制改革的不同阶段。该项立法立项和推进的初期正值医药卫生体制改革艰难探索的进程中，“随着市场化和产权改革的不断深入，公立医疗机构的公益性质逐渐淡化，追求经济利益导向在卫生医疗领域蔓延开来”①，从而导致“看病难、看病贵”问题凸显。为扭转这一局面，新一轮医改发轫于2009年，同年发布的《中共中央 国务院关于深化医药卫生体制改革的意见》强调，“坚持医药卫生事业为人民健康服务的宗旨，以保障人民健康为中心，以人人享有基本医疗卫生服务为根本出发点和落脚点，从改革方案设计、卫生制度建立到服务体系建设都要遵循公益性的原则，把基本医疗卫生制度作为公共产品向全民提供，着力解决群众反映强烈的突出问题，努力实现全体人民病有所医”。新一轮医改为我国卫生与健康事业设立了明确的宗旨和基本原则，即基本医疗卫生与健康促进法第三条规定的“医疗卫生与健康事业应当坚持以人民为中心，为人民健康服务”“医疗卫生事业应当坚持公益性原则”。

## 二、基础性和综合性法律的功能

基本医疗卫生与健康促进法是医疗卫生与健康领域的基础性、综合性法律。作为基础性和综合性的法律，其法律定位与教育法、环境保护法等重大社会领域中的基础性和综合性法律的定位一致，是统领特定重大社会领域法律体系即健康法体系的基本法。

基础性法律的主要功能是为整个领域的法律体系搭建科学、完善的法律框架，因而确实具有原则性和框架性规范的特点；同时由于其具有综合性，要涵盖卫生健康领域中的所有法律法规，

① 王虎峰．中国医疗卫生体制改革30年进程分析存在的问题［EB/OL］.（2008－10－09）［2020－06－25］．http：//www. china. com. cn/news/txt/2008－10/09/content_ 16584953. htm.

其中有很多条文是对宏观体系、基本原则、基本制度、机制和程序的描述和规范，较少针对某项具体问题进行细致的规定，也就是说很难具有在个案中的可诉性，因此往往会给人造成一种错觉，即此类法律的实用性不强。之所以称为错觉，是因为它忽略了此类法律所具有的统领性功能，即宏观设计、系统整合和全面深化的功能。这一统领性功能恰恰是此类法律最突出的实用性。可以说，其实用性主要不在于如何运用具体条文解决某个具体问题，而在于对该领域中现有法律法规体系进行高屋建瓴的整合、机制体制的建构和对该特定领域法治发展的整体推进等现实作用。

同时还应当看到的是，这种原则性和框架性的规范对于适用具体的法律规定仍然具有强烈的引领和指导作用，因此不能因为其条文较为原则或宏观而忽视其对其他单行法律、法规和规章等具体规定的指导意义，尤其不能忽视它对今后进一步立法的重大指导意义。

举例而言，基本医疗卫生与健康促进法第三条规定："医疗卫生与健康事业应当坚持以人民为中心，为人民健康服务。"这就从法律上规定了我国医疗卫生与健康事业的根本宗旨，对于卫生健康领域的所有法律法规都具有指导意义。该条第二款规定："医疗卫生事业应当坚持公益性原则。"而什么是公益性，该条并没有给出具体的标准和内涵，因而需要在具体单项法律或法规中进行细化。尽管如此，公益性作为基本原则之一，对于我国卫生健康事业发展、公立医院改革和具体条文适用都具有显著的指引作用。再如，第五十五条规定："国家建立健全符合医疗卫生行业特点的人事、薪酬、奖励制度，体现医疗卫生人员职业特点和技术劳动价值。”这就为当前医改中医疗卫生人员的人事和待遇制度的改革提供了法律指引，也为解决相关的问题和纠纷提供了法律依据。这种为具体制度建构和具体法律条文适用提供指引和根据的作用恰恰是基础性和综合性法律的实用价值。可以说，没有基础性法律统领整个领域的原则性和框架性规定，相关具体法律和法规条文的适用就缺少了定位坐标。

基础性、综合性法律的功能主要体现在如下方面。

首先，此类法律的基础性是针对某一特定重大社会领域中法律法规体系而言的基础性地位，因此基础性法律应当在该领域中发挥整合性作用，是统领该领域法律法规的龙头法律。例如，在教育领域，其基础性法律是教育法，在此基础上又分别制定有义务教育法、职业教育法、高等教育法、民办教育促进法、学位条例、教师法等单行法，从而形成了完整的教育法体系；在环境保护领域，环境保护法是该领域的基础性法律，在其基础上又分别制定有海洋环境保护法、水污染防治法、大气污染防治法、水土保持法、固体废物污染环境防治法、环境噪声污染防治法、清洁生产促进法、环境影响评价法等单行法，形成了完整的环境保护法体系。

卫生健康领域是一个范围广泛、全社会高度关注的重大领域，既与每一个公民的健康和家庭幸福有关，也与民族兴盛和小康社会建设有关。基本医疗卫生与健康促进法首次将健康中国战略法律化，明确规定“国家实施健康中国战略”“各级人民政府应当把人民健康放在优先发展的战略地位”。从国民经济发展角度看，卫生健康经济在国民经济发展中所占的分量也不断增长：2018 年全国卫生总费用达 59 121. 91 亿元，卫生总费用占 GDP 百分比为 6. 43%①；截至 2016 年，我国大健康产业增加值规模增加到 72 590. 7亿元，占 GDP 的比重提高到 9. 76%②。

应当看到的是，在这样一个重大的社会领域中，虽然相应的法律法规已经相当多，比如在基本医疗卫生与健康促进法出台前，我国卫生健康领域已有十三部法律，包括传染病防治法、精神卫生法、母婴保健法、献血法、中医药法、执业医师法、职业病防治法、国境卫生检疫法、药品管理法、疫苗管理法、食品安全法、人口与计划生育法、红十字会法，为我国卫生健康领域法治提供了可靠的法律框架，但是这些法律法规都是针对某些特定具体领域的立法，较为分散，缺乏系统性。显然在该领域一直缺少一部基础性、综合性的法律。在这一大背景下，基本医疗卫生与健康促进法作为统领该领域所有法律法规的基础性法律应运而生，其颁布有利于在宪法的基础上，加强顶层设计，确立基本医疗卫生与健康工作的基本原则、主要制度和保障促进措施，把该领域中已经存在的分散和单行立法进行整合，构建完善的卫生健康法治体系。

整合功能既包括通过法律解释把现有单行法律法规纳入完整

① 国家统计局．中国统计年鉴—2020［M］．北京：中国统计出版社，2020：716.

② 中国人民健康保险股份有限公司，中国社会科学院人口与劳动经济研究所，社会科学文献出版社．《大健康产业蓝皮书：中国大健康产业发展报告（2018）》指出——我国大健康产业增加值规模占 GDP 的比重提高到 9. 76%［EB/OL］．（2019 - 01 - 02）［2020 - 07 - 20］．http：//world. people. com. cn/n1/2019/0102/c190972 - 30499628. html.

的法律体系之中或通过修法对现有法律法规进行系统性整合，也包括对现有法律法规体系中的缺陷或缺项从立法角度拾遗补阙，从而完善整个领域的法律法规体系。

其次，此类法律的综合性体现在其涵盖的内容广泛，即涵盖该领域内所有子系统或分部门，为该领域的所有单行法律法规提供坚实的法律基础和框架，因此其规范一般也具有概括性和框架性的特点。

基本医疗卫生与健康促进法的主要目的和内容是制定整个卫生健康领域的基本方针、原则、机制和制度，以及整个体系和相关分部门的法律框架。概括而言，卫生与健康法体系包括四大分部门：一是医事法（医疗服务法），二是公共卫生法，三是医疗筹资和保险法，四是健康产品法（食品、药品和医疗器械管理法）①。从法律角度而言，这些部门调整的法律关系各有不同。例如，医事法调整医疗服务提供者（医疗机构和医护人员）与个体患者之间因医疗卫生服务而形成的法律关系；公共卫生法调整公共卫生服务和管理机构及人员与社会群体（社区、地区、民族）之间因公众健康保障而形成的法律关系；医疗筹资和保险法调整政府主管部门、保险机构、医疗服务机构和个人等多种参与者之间因卫生健康资金的筹集、分配、使用、支付和报销等活动而形成的法律关系；健康产品法则调整政府主管部门，从事研发、生产、流通的企业，医疗机构和患者之间因健康产品的研发、生产、经营、使用和监管活动而形成的复杂法律关系。上述法律关系既

① 也有学者把医学和生命伦理作为卫生法体系中的一个组成部分。

包括民事平等主体之间的横向法律关系，也包括公权力行使者与行政相对方之间的纵向法律关系；既包括健康产品的研发、生产、经营者与使用者之间的商事法律关系，也包括健康产品和医疗卫生服务提供者与监管者之间的行政法律关系，还包括产品和服务提供者与患者之间的平等法律关系。它横跨众多传统部门法领域，如合同法、侵权责任法、行政法、公司等市场主体组织法、市场监管法、金融与保险法、刑法等部门法，因此它打破了传统部门法的局限，具有多重部门法的性质和特点。

但万变不离其宗，所有这些不同的法律关系无不围绕着两个基本的法律概念，即基本医疗卫生与健康促进法第四条规定的健康权和国家承担的完善健康保障及发展健康产业的职责而展开。凡是涉及健康权，原有的平等的横向民商法律关系和纵向的行政法律关系都会发生变化，只要明确国家发展医疗卫生与健康事业的职责，公益性原则也会为卫生健康服务的法律关系注入新的内涵，从而形成围绕健康权而产生的新型法律关系。该法第三条规定的“以人民为中心，为人民健康服务”，成为整个医疗卫生健康领域的核心概念和根本宗旨。

如果形象地把我国卫生健康事业比作一座大厦，那么基本医疗卫生与健康促进法就是这座大厦的基础和框架（见图1－1）。没有这个基础和框架，大厦中各个门、厅、廊、室就无从合理地布局和建构，大厦内各个部分的建构和装修就缺乏依托。就像购买的单元房，用户可以根据自身需求进行装修甚至个别结构调整，但是“毛坯房”提供的基础，如水、气、通风、供暖等各种管道和设备的接口是这种进一步调整和装修的基础。在卫生健康体系

**我国医疗卫生与健康法体系**

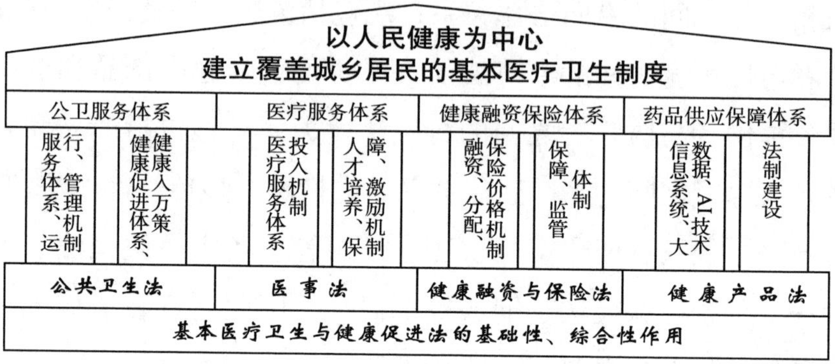


**图 1－1　我国卫生健康事业“大厦”示意图**

这座大厦中，基本医疗卫生与健康促进法为各分部门法律提供了基础和框架，这种基础性作用凸显出该法在构建我国卫生健康法律体系中的里程碑意义。

举例而言，基本医疗卫生与健康促进法第六条规定“将健康理念融入各项政策”，并要求“建立健康影响评估制度”。作为基础性法律，该条提出了一个重要的基本原则，即将健康理念融入重要的国家和地方政策，设计了一项重要的制度，即建立健康影响评估制度。基本医疗卫生与健康促进法并没有进一步规定哪个机构如何将健康理念融入各项政策，也没有详细规定健康影响评估制度的架构和程序等问题。这些具体制度和程序的规范都留给了将在基本医疗卫生与健康促进法基础上进一步制定的单行法律或法规。这种通过基础性法律的创制功能，推动卫生健康法律体系健全和制度完善的作用绝对不可低估。可以说基本医疗卫生与健康促进法的出台不是卫生健康领域立法的结束，而是在此基础上全面构建和完善卫生健康法律体系，推动卫生健康法治发展的新起点。

最后，基本医疗卫生与健康促进法的基础性特征不仅对卫生健康法律体系具有重大意义，而且对全面推进依法治国和建立社会主义法治国家也具有重大意义。全面推进依法治国，是我国治国理政方略的重要组成部分；而全面推进依法治国不仅要关注法治发展的各个环节，如科学立法、严格执法、公正司法与全面守法，而且要在所有重大社会领域中推进法治。不能片面地认为，法治仅仅与公检法机关和律师事务所等法律专门机构的工作有关。这显然是对全面推进依法治国战略的误解。法治不仅是法律职业人员或机构的事情，而且是全社会的事情。全面推进依法治国意味着应当在所有重大社会领域建构完善的法律体系并形成良好的法治状态。在卫生健康这一涉及所有公民健康和家庭幸福、民族昌盛和国家兴旺的重大领域中，如果没有完善的法律框架和良好的法治状态，就不可能全面推进依法治国。从这个意义上看，基本医疗卫生与健康促进法的出台把法治中国战略推向了新的高度和深度，成为我国法律体系和法治事业中的重要组成部分。

## 三、基本医疗卫生与健康促进法的框架与基本原则

作为卫生健康领域的基础性和综合性法律，基本医疗卫生与健康促进法设计了这一领域的基本制度框架，提出了卫生健康事业的基本原则。

### （一）顶层设计，构建法律框架

基础性、综合性法律的关键作用是对这一领域中的基本制

度进行顶层设计。基本医疗卫生与健康促进法充分发挥了这种顶层设计、全面构建健康领域法律框架和全面推动该领域法治发展的功能。在总结以往我国医药卫生体制改革经验和回应健康中国战略需要的基础上，它所提出的顶层设计可以归结为：以人民为中心，以公益性为指引；以公民健康权和政府职责为基石，以“四梁”（公共卫生服务体系、医疗服务体系、健康融资与保险体系和药品供应保障体系）“八柱”（医药卫生管理体制、医药卫生机构运行机制、多元卫生投入机制、医药价格形成机制、医药卫生监管体制、医药卫生科技创新机制和人才保障机制、医药卫生信息系统和医药卫生法律制度）为架构的医药卫生与健康体制以及相应的法律框架。

“四梁八柱”源于2009年3月17日发布的《中共中央 国务院关于深化医药卫生体制改革的意见》。该意见首次提出“医药卫生四大体系”和相应的“八项体制机制”。2019年10月31日，党的十九届四中全会通过了《中共中央关于坚持和完善中国特色社会主义制度、推进国家治理体系和治理能力现代化若干重大问题的决定》，在该决定中进一步重申了四大体系：“深化医药卫生体制改革，健全基本医疗卫生制度，提高公共卫生服务、医疗服务、医疗保障、药品供应保障水平。”基本医疗卫生与健康促进法的结构编排与这种制度框架同出一辙，从规定法律基本精神、原则、权利和职责的第一章“总则”开始，按照四梁八柱的架构，分别规范了公共卫生服务（主要在第二章“基本医疗卫生服务”和第六章“健康促进”中规定）、医疗服务（主要在第二章“基本医疗卫生服务”中规定）、医疗保障（主要在第三章“医疗卫生机构”、第四章“医疗卫生人员”、第七章“资金保障”和第八章“监督管理”中规定）和药品供应保障（主要在第五章“药品供应保障”中规定）。第九章“法律责任”则对涉及上述领域主体的法律责任进行了规范。具体的对应关系见表1－1。

**表1－1 卫生健康体系的“四梁”架构与基本医疗卫生与健康促进法相对应的条文**

| 四梁 | 基本医疗卫生与健康促进法相关条文 |
| --- | --- |
| 公共卫生服务体系 | 第二章 基本医疗卫生服务 第十六条至第二十八条<br>第六章 健康促进 第六十七条至第七十九条 |
| 医疗服务体系 | 第二章 基本医疗卫生服务 第二十九条至第三十三条 |
| 健康融资与保险体系 | 第三章 医疗卫生机构 第三十四条至第五十条<br>第四章 医疗卫生人员 第五十一条至第五十七条<br>第七章 资金保障 第八十条至第八十五条<br>第八章 监督管理 第八十六条至第九十七条 |
| 药品供应保障体系 | 第五章 药品供应保障 第五十八条至第六十六条 |

说明：1. 第一章“总则”的法律精神、原则、权利和职责分别体现在各章中；
2. 第九章“法律责任”规定了其他各章主体的相应法律责任。

### （二）制定卫生健康法律体系的基本原则

卫生健康法律体系的基本原则主要体现在基本医疗卫生与健康促进法第一章“总则”部分，可以概括为十大基本原则。

1. 以人民为中心的公益性原则

该法第三条明确规定“医疗卫生与健康事业应当坚持以人民为中心，为人民健康服务。医疗卫生事业应当坚持公益性原则”。以人民为中心和为人民健康服务是我国卫生健康事业的根本宗旨和基本精神，与我国社会主义国家的根本性质完全吻合，是这一根本性质在卫生健康领域的充分体现。在这一根本性质基础上的公益性原则就顺理成章地成为贯穿所有具体制度和机制中的基本原则。例如，基本公共卫生服务由国家免费提供（第十五条），建立健全农村医疗卫生服务网络和城市社区卫生服务网络（第三十四条），公立医疗卫生机构不得与其他组织投资设立非独立法人资格的医疗卫生机构，以及不得与社会资本合作举办营利性医疗机构（第四十条），在发生严重威胁人民群众生命健康的突发事件时医疗卫生机构和人员应当参与卫生应急处置和医疗救治（第五十条），医疗卫生人员不得实施过度医疗和不得利用职务之便获取不正当利益（第五十四条），医疗卫生人员定期到基层和艰苦边远地区从事医疗卫生工作（第五十六条），等等，这些规定进一步把以人民为中心的公益性原则落实到具体的制度和机制中。

2. 尊重保护公民健康权原则

基本医疗卫生与健康促进法根据宪法明确规定“国家和社会尊重、保护公民的健康权”。这是首次在法律上规定了卫生健康领域中公民享有更为广泛的健康权。尽管我国民法（民法总则与刚刚通过的民法典）也有公民健康权的规定，但与卫生健康法中的概念相比较，基本医疗卫生与健康促进法规定的健康权的内涵比民法健康权的内涵更为广泛和深远。民法上的健康权是一种不受侵犯的自由权，在人权理论中被称为“消极权利”，主要由公民的身体完整和机能健全为内容而构成的不受侵犯的个人权利，其保障范围要窄得多，并未包括获得医疗卫生和健康服务的内容。

而卫生健康法意义上的健康权则不仅包括上述权利，还包括更广的获得医疗卫生服务的权利，在人权理论中被称为“积极权利”。概括而言，基本医疗卫生与健康促进法规定的健康权包括公平获得基本医疗卫生服务权、个人健康信息权、获得紧急医疗救助权、健康教育权、参加医疗保险权、医疗服务知情同意权、特殊群体健康保障权、健康损害赔偿权、参与健康决策权等权利。同时，第六十九条也明确规定：公民是自己健康的第一责任人，应树立和践行健康理念；公民应当尊重他人健康权利和利益。

3. 健康优先发展的原则

基本医疗卫生与健康促进法第四条规定“国家实施健康中国战略”，第六条规定，“各级人民政府应当把人民健康放在优先发展的战略地位”。首先，健康中国已经成为法定的国家战略；其次，面对重大危机时，人民的生命安全和身体健康要放在优先考虑的战略地位，即给予高于其他各种社会、经济、文化等因素的优先考量。此次在面对新冠肺炎疫情严峻考验的关头，党和政府果断地按下暂停键，全力抗击疫情，交出了一份令国人满意、世人瞩目的答卷。这充分说明健康优先发展原则不仅是党和国家的政策，也不仅是法律上的规定，而且已经成为我国的实践和现实。

4. 健康理念融入各项政策的原则

基本医疗卫生与健康促进法第六条明确要求“将健康理念融入各项政策”“建立健康影响评估制度”。这一原则要求各级政府和政府主管部门在制定政策或作出决策的过程中，都要认真考虑其政策或决策对人民健康的影响，把健康理念融入其政策和决策中，避免为单纯追求GDP的增长而损害自然环境和危害人民健康。该原则还具体要求建立健康影响评估制度，明确并强化了政府在保障人民健康方面的领导责任。由于危害健康的因素不仅包括疾病、人的行为模式，也包括自然环境、社会、经济、科技、文化等多方面的因素，因此保障人民健康不能只靠卫生健康主管部门，而是需要各级政府和政府主管部门协作、共同努力才能实现。从国际上看，通过政策引导、行政规制、税收手段等多种方式促进民众健康已经成为各国的通常做法。因此有必要将健康理念融入各项政策的原则上升为法律原则。

5. 大健康原则

基本医疗卫生与健康促进法第四条要求“提升公民全生命周期健康水平”“提高公民的健康素养”；第二章规定了基本医疗卫生服务包括基本公共卫生服务和基本医疗服务，其中用了十三个条文全方位规定基本公共卫生服务的内容，而仅用了五个条文规定基本医疗服务的内容。可以看出，基本公共卫生服务的内容要远远多于基本医疗服务的内容。这实际上体现出习近平总书记提出的“把以治病为中心转变为以人民健康为中心”的大卫生和大健康理念。这一理念也是对我国传统医学所提倡的“上医治未病”传统的传承与发扬。这就如同治理河流，不仅要关注下游的水质治理，更要关注上游和中游的水质治理。大健康理念并非对以治病为主的医疗服务的轻视，而是从更加科学的角度，强调预防为主，防治结合，联防联控，群防群控，转变健康领域发展方式，全方位、全周期维护和保障人民健康，这样才能取得事半功倍的社会效益。

6. 健康促进原则

基本医疗卫生与健康促进法第六条规定“完善健康促进工作体系”“将公民主要健康指标改善情况纳入政府目标责任考核”。从法律的名称就可以了解，健康促进是本法的基本内容之一。根据世界卫生组织的调查，影响个人健康和生活质量的因素有60%都与生活方式有关①。因此，鼓励和推动公民采取健康的生活方式是保障公民健康的重要内容。

由于健康权主要是一种积极权利，即获得健康信息、指导和服务的权利；但健康权也包括传统人权意义上的消极权利，即自由权，如个人有权决定其采取何种生活方式。从法律角度来讲，个人生活方式中的不良习惯和嗜好，如吸烟、饮酒等，是个人的选择自由，法律也无法硬性禁止，除非这种自由的行使侵犯其他人的权利，例如在公共场所吸烟。因此，第六十九条规定了“公民是自己健康的第一责任人”，以及“应当尊重他人的健康权利和利益，不得损害他人健康和社会公共利益”的义务。也就是说，个人对于自身甚至他人健康均具有维护和促进的义务。法律鼓励个人采取良好的健康生活方式，包括健康管理理念、健康知识、健康素养和持之以恒管理个人健康的实践。为了帮助个人养成良好的健康生活方式，第六章“健康促进”还专门规定了政府提供健康信息、健康生活方式指南、健康饮食指引、可及的体育健身设施等信息和条件的义务，同时还规定了医疗卫生和公共卫

① FARHUD D D. Impact of Lifestyle on Health［J］. Iranian Journal of Public Health，2015，44（11）：1442.

生机构、学校和社会组织在开展健康教育、群众性健康活动、倡导健康生活方式等方面的责任。

7. 预防为主、防治结合的原则

基本医疗卫生与健康促进法第六条规定了预防为主的原则；第二十条进一步明确在传染病防控领域，要“坚持预防为主、防治结合，联防联控、群防群控、源头防控、综合治理，阻断传播途径，保护易感人群，降低传染病的危害”。无论是从全生命周期的健康保障，还是从传染病防控角度来讲，预防为主、防治结合的原则都具有十分重要的意义。经历过非典疫情和新冠肺炎疫情之后，人们对预防为主的原则有了更加深刻的认识。在这一原则的指引下，建立健全公共卫生突发事件应急机制将是今后卫生健康法治发展的一项重要内容。

8. 以基层为重点的原则

基本医疗卫生与健康促进法第十条明确规定：“国家合理规划和配置医疗卫生资源，以基层为重点，采取多种措施优先支持县级以下医疗卫生机构发展，提高其医疗卫生服务能力。”第十一条规定国家“通过增加转移支付等方式重点扶持革命老区、民族地区、边疆地区和经济欠发达地区发展医疗卫生与健康事业”。第三十四条强调“国家加强县级医院、乡镇卫生院、村卫生室、社区卫生服务中心（站）和专业公共卫生机构等的建设，建立健全农村医疗卫生服务网络和城市社区卫生服务网络”。此外，基本医疗卫生与健康促进法还对家庭医生签约服务、加强乡村医疗卫生队伍建设、医疗卫生人员定期到基层工作、定向免费培养基层和艰苦边远地区医疗卫生人员并对他们实行优惠待遇等作出规定，充分体现了以基层为重点的原则，对于全面落实我国医药卫生体制改革提出的“保基本、强基层、建机制”的任务提供了有力的法律保障。

9. 中西医并重原则

基本医疗卫生与健康促进法第九条规定：“国家大力发展中医药事业，坚持中西医并重、传承与创新相结合，发挥中医药在医疗卫生与健康事业中的独特作用。”传统中医药是我国医学中的宝贵财富，中西医并重，发挥中医的优良传统，并不断推陈出新，跟上时代和科技的发展，满足人民群众日益增长的健康需求，是我国医学研究和实践的宝贵经验。在抗击新冠肺炎疫情的过程中，中医药发挥了重大作用，中西医密切协同合作，是取得疫情防控决定性成果的关键因素。

10. 政府主导、社会参与的原则

基本医疗卫生与健康促进法第七条规定了国务院和地方各级政府对卫生健康事业的领导作用，规定了国务院和县级以上地方人民政府的卫生健康主管部门统筹协调医疗卫生与健康促进工作的职责；第十二条规定了公民、法人和其他组织依法参与医疗卫生与健康事业的权利和待遇。此外，基本医疗卫生与健康促进法第三十九条规定了“坚持以非营利性医疗卫生机构为主体、营利性医疗卫生机构为补充”“政府举办非营利性医疗卫生机构，在基本医疗卫生事业中发挥主导作用”“对医疗卫生机构实行分类管理”等制度；第六章“健康促进”规定了“医疗卫生、教育、体育、宣传等机构、基层群众性自治组织和社会组织”、新闻媒体、医疗卫生人员、用人单位、公共场所经营单位和公民个人在健康促进中的职责和义务；第七章“资金保障”规定了除由国家负担的基本公共卫生服务费用外，“基本医疗服务费用主要由基本医疗保险基金和个人支付”和“国家依法多渠道筹集基本医疗保险基金”的资金筹集制度，“建立以基本医疗保险为主体，商业健康保险、医疗救助、职工互助医疗和医疗慈善服务等为补充的、多层次的医疗保障体系”；第八章“监督管理”规定了“机构自治、行业自律、政府监管、社会监督相结合的医疗卫生综合监督管理体系”。上述规定充分体现了“政府主导、社会参与”的原则在医疗机构设立、健康促进和卫生监管中的作用。

综上，基本医疗卫生与健康促进法的出台是卫生与健康法治进程中的一件大事。作为基础性和综合性法律，它将为我国健康事业的发展提供坚实的法律基础和明确的指引。同时也应当充分注意到，尽管这部法律为卫生与健康法治提供了基本框架和蓝图，但具体的机制和制度仍需要在实践中进一步探索、推动和完善。总之，方向已经指明，不仅其落实工作必须及时跟上，而且进一步的立法和制度建构工作必须适时启动和推进。从这一意义上讲，本部法律的出台不是在卫生健康领域中立法程序的终止，而是推动全面建构和完善卫生与健康法治的新起点。

# 第 2 篇

# 确立健康优先发展的法律地位，为健康中国战略实施提供法治保障

■王秀峰　王晨光

习近平总书记在2016年8月举行的全国卫生与健康大会上指出，要把人民健康放在优先发展的战略地位，加快推进健康中国建设，为实现"两个一百年"奋斗目标和中华民族伟大复兴的中国梦打下坚实健康基础。2016年10月，中共中央、国务院印发了《"健康中国2030"规划纲要》，确定了推进健康中国建设的行动纲领，将"健康优先"作为实施健康中国战略必须坚持的一项重要原则。2017年，党的十九大作出"实施健康中国战略"的重大决策部署。2019年6月，国务院印发了《关于实施健康中国行动的意见》，启动实施了健康中国行动。2019年12月28日，十三届全国人大常委会第十五次会议审议通过了《中华人民共和国基本医疗卫生与健康促进法》，作为保障人民健康的第一部基础性、综合性法律，该法确立了健康优先发展的法律地位，标志着实施健康中国战略迈入法制化轨道。

## 一、基于健康的基础性地位和全局性作用，明确健康优先发展的法律地位

早在2003年，当时担任浙江省委书记、省人大常委会主任的习近平同志在杭州市检查非典防治工作时就强调，“人民健康高于一切，领导责任重于泰山”。在2016年的全国卫生与健康大会上，习近平总书记明确指出：推进健康中国建设，是我们党对人民的郑重承诺。各级党委和政府要把这项重大民心工程摆上重要日程，强化责任担当，狠抓推动落实；要把人民健康放在优先发展的战略地位，以普及健康生活、优化健康服务、完善健康保障、建设健康环境、发展健康产业为重点，加快推进健康中国建设，努力全方位、全周期保障人民健康。李克强总理在2016年全球健康促进大会致辞讲话中强调：“要坚持在发展理念中充分体现健康优先，在经济社会发展规划中突出健康目标，在公共政策制定实施中向健康倾斜，在财政投入上着力保障健康需求，努力为全体人民提供基本卫生与健康服务。”“把健康放在优先发展的战略地位”，是健康中国的核心理念，凸显了我们党发展为了人民、发展依靠人民、发展成果由人民共享的执政理念，是以人民为中心的发展思想的基本要求和具体体现，也是当前我国转变经济社会发展模式、推动供给侧结构性改革的必然选择。

### （一）健康是一个国家和民族最具基础性的事业

世界卫生组织早在1948年成立的宣言中就指出，健康不仅仅是没有疾病，而是身体的、精神的健康和社会适应的良好状态。习近平总书记强调：健康是促进人的全面发展的必然要求，是经

济社会发展的基础条件，是民族昌盛和国家富强的重要标志，也是广大人民群众的共同追求。作为一个多维度的概念，健康既是立身之本也是立国之基，既是发展手段又是发展目标，不仅关乎个人生存发展和家庭幸福，也关乎经济发展、社会进步、国家富强和民族复兴，是一个国家和民族最具基础性的事业，在现代化建设中具有基础性、全局性、长远性的作用。

1. 健康是人生命和幸福的基础，健康权是公民的基本权利

习近平总书记指出："人民身体健康是全面建成小康社会的重要内涵，是每一个人成长和实现幸福生活的重要基础。"健康是人生最大的财富，是人生存和发展的基础。同时，健康也是每个公民的一项基本权利。从国际上看，《世界人权宣言》第25条规定"人人有权享受为维持他本人和家属的健康和福利所需的生活水准"，《经济、社会及文化权利国际公约》第12条规定"本公约缔约各国承认人人有权享有能达到的最高的体质和心理健康的标准"，二者均将健康作为基本人权。生命健康权也是我国宪法赋予公民的一项重要权利。我国宪法明确规定"国家发展医疗卫生事业，……保护人民健康"，刑法、民法典、经济法等法律法规也都对保护公民生命健康权作了具体的规定，如民法典明确规定"自然人享有健康权。自然人的身心健康受法律保护。任何组织或者个人不得侵害他人的健康权"，并且将健康权列为公民人身权利的重要内容。

2. 健康是社会生产力的基础，也是国家富强、民族振兴的基石和标志

健康是人力资本投入的重要领域。1962年，美国学者Mushkin 正式将健康作为人力资本构成部分，在其提交的《健康作为一种投资》一文中，他将“教育与健康”并列为人力资本框架下的孪生概念①。良好的健康不仅能提高劳动者的生产效率，还可以增加其劳动时间。研究表明，健康人力资本是教育人力资本发挥作用的基础，且其对经济增长的贡献率高于教育人力资本②。健康投资是把我国十几亿人口压力转化为长期发展优势的前提。改革开放前人民健康水平的大幅度提高正是形成我国“人口红利”的重要基础。从 1950 年到 1982 年，中国人均预期寿命从 35 岁增加到 69 岁，由此创造的经济价值共 24 730 亿元，平均每年约 773 亿元，相当于 GNP 的 22% ③。

健康本身也是发展的重要目的。人民健康水平是国民身体素质和经济社会发展程度的重要体现，拥有健康的国民意味着拥有更强大的综合国力和可持续发展能力。特别是在当前人口红利缩减和经济社会转型发展的特殊时期，将健康置于经济社会发展中更高的优先位置，以人民健康需求为牵引，以促进全民健康为目的打造新型的经济社会发展方式，不仅有利于满足人民对健康产品和服务的需求，更有利于扩大内需、促进就业，推动经济社会发展方式转变，进一步形成和挖掘我国的“健康红利”④。

---

① 巢健茜，何建敏．保证企业生产力增长的新方式［N/OL］．经济日报，2012 - 07 - 16［2020 - 09 - 09］．http://paper.ce.cn/jjrb/html/2012 - 07/16/content_123426.htm.

② 徐祖辉，谭远发．健康人力资本、教育人力资本与经济增长［J］．贵州财经大学学报．2014（6）：21 - 28.

③ 黄永昌．中国卫生国情［M］．上海：上海医科大学出版社，1994：35.

④ 王秀峰．健康中国战略的地位、作用与基本要求［J］．卫生经济研究，2019，36（4）：4.

### 3. 健康是国家软实力的重要组成部分，也是全球可持续发展的核心与动力

健康已经处于人类发展的突出位置，既是国家软实力的重要组成部分、全球可持续发展的核心与动力，也是全球发展议程的重要内容。联合国开发计划署提出的“人类发展指数”（Human Development Index，HDI）将人均预期寿命作为三大核心指标之一[①]。联合国“千年发展目标”的 8 个总目标中就有 3 个是卫生目标，联合国《2030 年可持续发展议程》明确提出了“确保健康的生活方式，促进各年龄段人群的福祉”的发展目标，更加关注经济、社会和环境等健康决定因素，更加强调健康发展的全面性、公平性和协同性。2016 年第九届全球健康促进大会所发布的《上海宣言》进一步指出：“健康作为一项普遍权利，是日常生活的基本资源，是所有国家共享的社会目标和政治优先策略。”纵观全球，健康日益成为国家综合国力和竞争力的重要体现，许多国家把增进国民健康作为国家战略，相继制定实施健康战略规划，把健康投资作为国家最重要的战略性投资。如日本明确将“健康日本 2035”作为提高日本国际竞争力、引领全球健康领域的重大举措。

## （二）实施健康中国战略、推动健康优先发展离不开法治保障

实施健康中国战略是一项全局性、整体性、跨领域、跨部门的系统工程。《“健康中国 2030”规划纲要》和《健康中国行动

---

① 胡斌．我国省际间人类发展指数（HDI）比较研究［D］．吉林：吉林大学，2009：内容提要．

(2019—2030 年)》，涉及主体多，实施周期长达十余年。而这十余年，既是我国全面建成小康社会的决胜阶段，也是为实现第二个百年奋斗目标奠定坚实基础的关键时期，同时还是我国履行联合国 2030 年可持续发展议程承诺的重要时期，在实现中华民族伟大复兴“中国梦”新征程中具有承上启下的特殊重要历史意义。为确保党中央、国务院关于健康中国建设的战略布局不走形、重大部署不变样，需要加强健康法治建设，使健康中国建设走上制度化、法律化的轨道。

同时，随着工业化、城镇化、人口老龄化，疾病谱、生态环境、生活方式不断变化，健康问题与经济问题、社会问题相互交织，健康影响因素错综复杂，健康问题日益复杂化。健康中国要由蓝图转变为现实，真正形成有利于健康的生活方式、生态环境和经济社会发展模式，离不开社会、行业和个人的多方共建，离不开跨部门的密切协作，需要系统整合社会资源共同开展。因此，健康中国建设涉及复杂的利益主体，需要统筹好社会力量、平衡好社会利益、调节好社会关系、规范好社会行为、引导好社会预期，必须发挥好法治的引领和规范作用。特别是，健康中国建设涉及医药卫生体制改革、食品安全监管、公共安全保障等重要领域和关键环节改革，有很多“硬骨头”要啃，要冲破思想观念束缚、破除利益固化藩篱、清除体制机制障碍，也需要从法治上提供制度化方案，确保重大改革于法有据、依法进行。

特别是，长期以来，健康问题往往被认为是医疗卫生领域的专业事务，不同部门、层级、机构对健康中国战略推进和落实健康优先发展的理解和认识还不一致，重视程度和工作进展不平衡，有关部门在制定各项政策和部署重大工程项目时对健康的考虑和关注还不够，健康优先、把健康融入所有政策还主要停留在理念和倡导阶段，健康优先发展的具体要求、责任主体、实施机制和路径还不明确。因此，“健康优先”不能停留在理念和口号上，而是要一步步把健康优先的具体要求细化到法律法规和政策文件之中。要落实“把人民健康放在优先发展的战略地位”的决策要求，必须有完备的法制来规范和保障。

面对来势汹汹的新冠肺炎疫情，以习近平同志为核心的党中央，始终把人民群众生命安全和身体健康放在第一位。2020 年 6 月 2 日，习近平总书记在专家学者座谈会讲话中进一步指出：“在实现‘两个一百年’奋斗目标的历史进程中，发展卫生健康事业始终处于基础性地位，同国家整体战略紧密衔接，发挥着重要支撑作用。”以宪法为依据，基于健康在经济社会发展中的基础性地位，基本医疗卫生与健康促进法第四条明确“国家和社会尊重、保护公民的健康权”“国家实施健康中国战略，……提升公民全生命周期健康水平”，第六条进一步明确“各级人民政府应当把人民健康放在优先发展的战略地位”，从而确立了“健康优先发展”的法律地位，为健康优先发展提供了可靠的法律和制度保障。

## 二、确立了公民健康权，夯实了健康优先发展的法理基础

基本医疗卫生与健康促进法确立了“以人民为中心，为人民健康服务”的立法宗旨，第四条规定“国家和社会尊重、保护公

民的健康权”，第五条规定“公民依法享有从国家和社会获得基本医疗卫生服务的权利”，首次明确地把健康权作为每个公民享有的法律权益加以尊重和保护，明确规定了“保护公民的健康权”以及国家和社会为保障公民健康权的实现所担负的职责和义务，从而把以人民健康为中心的思想和政策法律化[①]，为推动我国健康优先发展提供强有力的法理基石。

作为人权的重要组成部分，健康权既是一项包容广泛的基本人权，又具有其鲜明的特点。我国宪法通过一系列条款清楚地表明健康权是我国公民享有的基本权利，而在我国民法典中也有公民健康权的规定，但基本医疗卫生与健康促进法中健康权的内涵要比民法中健康权的内涵更为广泛和深远。民法上的健康权是一种不受侵犯的自由权，主要由公民的身体完整和机能健全为内容而构成的不受侵犯的个人权利，其保障范围要窄得多，并未包括获得医疗卫生和健康服务的内容。而基本医疗卫生与健康促进法规定的健康权则不仅包括上述权利，而且包括更广的获得医疗卫生服务的权利，具有积极个人权利的性质，是对公民健康权的全面保护，具有更广泛的内容和更全面的健康保障。在基本医疗卫生与健康促进法中，健康权具体包括公平获得基本医疗卫生服务权、个人健康信息权、获得紧急医疗救助权、健康教育权、参加医疗保险权、医疗服务知情同意权、特殊群体健康保障权、健康损害赔偿权、参与健康决策权等权利。同时，该法第六十九条也明确规定：“公民是自己健康的第

① 王晨光. 什么是公民健康权［N］. 健康报，2020－01－02（6）.

一责任人”，应树立和践行健康理念；公民应当尊重他人健康权和公共利益[①]。

## 三、明确了健康优先发展的责任主体及政府、社会、个人的权利义务

基本医疗卫生与健康促进法着力完善顶层制度，以法律形式明确了健康优先发展的责任主体，明确了政府、社会、个人的权利和义务，从而有利于引导、推动政府、社会和个人树立起健康优先的发展理念，采取有利于健康的生活方式、生产方式、消费方式和治理模式，政府牵头负责、社会积极参与、个人自主自律，实现健康与经济社会良性协调发展，形成维护和促进健康的强大合力，在“共建共享”中实现“全民健康”。

### （一）立法阐明了政府在保障人民健康优先发展方面的主体责任

习近平总书记在全国卫生与健康大会上强调“要坚持正确处理政府和市场关系，在基本医疗卫生服务领域政府要有所为，在非基本医疗卫生服务领域市场要有活力”，其关键就是要完善健康法治体系，明确政府的“责任清单”，推进依法行政，用法治防止政府的“缺位”和“越位”。

无论世界各国的健康体制采取何种具体形式（政府主办、社会保障或市场机制），政府不可推卸的职责都显而易见。因此，

① 王晨光，张怡.《基本医疗卫生与健康促进法》的功能与主要内容［J］. 中国卫生法制，2020，28（2）：3－4.

基本医疗卫生与健康促进法在规定健康权的同时，也明确并强化了政府在健康领域的职责①。该法第六条明确“各级人民政府应当把人民健康放在优先发展的战略地位”，由此明确了人民健康优先发展的责任主体不是卫生健康部门，而是各级政府。在此基础上，第七条明确“国务院和地方各级人民政府领导医疗卫生与健康促进工作”，并明确提出了政府在健康方面的具体职责：领导卫生和健康工作、大力并优先发展健康事业、推动健康理念融入各项政策、健康指标纳入政府目标责任考核、免费提供基本公共卫生服务、举办公立医疗机构和推动社会办医、建立现代医院管理制度、科学配置医疗卫生资源、推进健康信息化、处理突发事件、加强健康教育及专业人才培养、进行健康风险评估、加强对卫生与健康工作的监督、建立健康事业投入机制、建立以基本医疗保险为主的多元化医疗保险制度、建立多元化医疗纠纷预防处理机制等②，推动各级政府健康责任规范化、清单化。另外，第八十九条特别要求“县级以上人民政府应当定期向本级人民代表大会或者其常务委员会报告基本医疗卫生与健康促进工作，依法接受监督”，强化政府健康责任问责化。

在理清政府对基本医疗卫生服务和基本体育健身服务、食品安全、健康生态和社会环境等领域责任的同时，基本医疗卫生与健康促进法也同时注重加快健康领域简政放权、放管结合、优化服务，形成政府监管、行业自律、社会监督相结合的治理格局。

---

① 王晨光，张怡．《基本医疗卫生与健康促进法》的功能与主要内容［J］．中国卫生法制，2020，28（2）：4.

② 同①4.

第八十六条明确“国家建立健全机构自治、行业自律、政府监管、社会监督相结合的医疗卫生综合监督管理体系”，第九十七条进一步提出“国家鼓励公民、法人和其他组织对医疗卫生与健康促进工作进行社会监督”“任何组织和个人对违反本法规定的行为，有权向县级以上人民政府卫生健康主管部门和其他有关部门投诉、举报”。

### （二）立法明确了社会在健康促进方面的责权利

社会在健康促进方面具有多重作用。《“健康中国2030”规划纲要》提出，要促进全社会广泛参与，调动社会力量的积极性和创造性，加强环境治理，保障食品药品安全，预防和减少伤害，有效控制影响健康的危险因素。作为基本医疗卫生和健康促进方面的基础性、统领性法律，基本医疗卫生与健康促进法不仅明确了“鼓励社会力量举办的医疗卫生机构提供基本医疗服务”（第二十九条）的基本方针，同时也明确了各类社会组织在健康促进方面的责任和权利义务关系，通过法律引导社会各界自觉形成有利于健康的生产方式与行为规范。一是明确了学校、环境、食品、饮用水、体育场所（机构）、公共场所、用人单位等的法律责任与义务，从法律上建立起健康风险因素监测、调查、干预、控制相关制度与规则体系，建立完善激励与惩戒制度，通过法律引导社会各界自觉形成有利于健康的生产方式与行为规范，提供有利于健康的产品和服务，主动促进健康、减少影响健康的危险因素。例如：第六十七条规定“社会组织应当开展健康知识的宣传和普及”“新闻媒体应当开展健康知识的公益宣传”“健康知识的宣传应当科学、准确”；第七十七条明确“国家完善公共场所卫生管理制度”“公共场所经营单位应当建立健全并严格实施卫生管理制度，保证其经营活动持续符合国家对公共场所的卫生要求”；第七十八条规定“烟草制品包装应当印制带有说明吸烟危害的警示”“禁止向未成年人出售烟酒”；第七十九条要求“用人单位应当为职工创造有益于健康的环境和条件，严格执行劳动安全卫生等相关规定，积极组织职工开展健身活动，保护职工健康”。二是同时明确赋予了社会健康监督权，第九十七条规定“国家鼓励公民、法人和其他组织对医疗卫生与健康促进工作进行社会监督”。

### （三）立法明确了个人的健康权利与义务

个人生活行为方式是影响健康最重要的因素。《“健康中国2030”规划纲要》特别提出要强化个人健康责任，提高全民健康素养，引导形成自主自律、符合自身特点的健康生活方式，有效控制影响健康的生活行为因素。基本医疗卫生与健康促进法在明确公民全面健康权的基础上，采取引导性授权规范的方式①，一方面，旗帜鲜明地提出“国家建立健康教育制度，保障公民获得健康教育的权利”（第四条），“公民依法享有从国家和社会获得基本医疗卫生服务的权利”（第五条），并从健康促进角度系统规定了政府提供健康信息、健康生活方式指南、健康饮食指引、可及的体育健身设施等信息和条件的义务；另一方面，又特别注重强化公民的健康主体责任，第六十九条第一款明确“公民是自己健康的第一责任人”，应当“树立和践行对自己健康负责的健康

① 王晨光，张怡．《基本医疗卫生与健康促进法》的功能与主要内容［J］．中国卫生法制，2020，28（2）：6.

管理理念，主动学习健康知识，提高健康素养，加强健康管理”，明确个人对于自身甚至他人健康也具有维护和促进的义务，通过立法把合理膳食、适量运动、戒烟限酒、心理平衡的健康生活方式上升为社会行为规范，完善激励约束机制，引导公民主动对自己的健康负责、自发形成自主自律的健康行为，形成人人尽力、人人参与、人人享有的格局，即在明确公民个人对于自身健康权的主体责任基础上，规定了国家、社会及其他机构和组织同时承担着更多的提供相关健康设备、知识、指引和制度环境的法律责任。

## 四、明确了健康优先发展的基本要求和制度框架

健康优先发展是指政府将健康作为国家或区域整体发展进程中的优先事项加以安排的一系列理念、制度、发展模式等的集合[①]。基本医疗卫生与健康促进法在相关条款中细化了健康优先发展的具体要求：在发展理念中充分体现健康优先，在经济社会发展规划中突出健康目标指标，在公共政策制定实施中向健康倾斜，在财政投入上优先保障健康需求，将主要健康指标纳入各级党委和政府考核范围，以法治构建起保障人民健康优先发展的制度框架。

### （一）发展理念优先

按照习近平总书记在全国卫生与健康大会上的讲话要求，各

① 王昊，苏剑楠，王秀峰．健康优先的基本内涵与实践经验［J］．卫生经济研究，2020，37（2）：4.

级党委和政府应当把健康放在优先发展的战略地位。这就要求要转变发展观和政绩观，摒弃过去单纯追求 GDP 增长的发展模式，把提高人民的健康福祉作为发展的重要目的，加快形成有利于健康的经济社会发展模式。因此，基本医疗卫生与健康促进法突出强调了以人民为中心、为人民健康服务的基本要求，第六条在明确各级人民政府健康优先发展主体责任的基础上，明确提出要“将健康理念融入各项政策”，从而引导和推动发展观和政绩观的转变。下一步，建议在此基础上，进一步推动建立健康优先一把手责任制，在健康优先理论落地过程中加快建立健全各部门、各地方、各层级的健康优先组织领导体系，明确“一把手抓健康优先”职责分工，率先垂范、以上率下，将抓实抓好健康优先发展工作作为党政领导干部特别是主持全面工作领导同志的重点工作和优先事项。

（二）规划优先

鉴于健康影响因素的复杂性和广泛性，健康问题的解决和改善往往需要持续发力，因此有必要强化规划的引领推动作用，聚焦重点疾病、主要健康影响因素和重点人群，确定优先领域，持续强化干预。《“健康中国 2030”规划纲要》明确要求要“将健康中国建设列入经济社会发展规划”。为此，基本医疗卫生与健康促进法第六条明确提出各级人民政府要“组织实施健康促进的规划和行动”，第七十条明确“国家组织居民健康状况调查和统计，开展体质监测，对健康绩效进行评估，并根据评估结果制定、完善与健康相关的法律、法规、政策和规划”，强化了规划优先的法律保障。

### （三）公共政策优先

政策优先要求在公共政策制定实施中向健康倾斜，把健康融入所有政策，强化公共政策健康审查，守住健康“红线”，从源头上消除影响健康的各种隐患[①]。健康影响评估制度是许多国家将健康融入所有政策和推进健康城市建设的重要工具，也是落实“预防为主”方针、实现关口前移的治本之策。《“健康中国2030”规划纲要》提出要“全面建立健康影响评价评估制度，系统评估各项经济社会发展规划和政策、重大工程项目对健康的影响”。基本医疗卫生与健康促进法第六条明确把“将健康理念融入各项政策”和“建立健康影响评估制度”正式写入法律，解决了健康影响评估制度的法律地位问题，为开展健康影响评估实践提供了法律依据，为保障健康优先发展提供了重要制度设计和保障，也为下一步相关具体法律制度的发展提供了明确指引。

### （四）财政投入优先

财政投入是健康优先发展的物质基础保障，是支撑国家长远发展的基础性、战略性投资，是评价健康优先与否的重要标尺。投入优先要求加大财政投入力度，调整优化财政支出结构，履行好政府保障基本健康服务需求的责任，为全体人民提供基本卫生与健康服务，维护好基本医疗卫生事业的公益性质，着力保障健康需求[②]。基本医疗卫生与健康促进法第八十条明确“各级人民

---

① 王秀峰．健康中国战略的地位、作用与基本要求［J］．卫生经济研究，2019，36（4）：5.

② 同①5.

政府应当切实履行发展医疗卫生与健康事业的职责，建立与经济社会发展、财政状况和健康指标相适应的医疗卫生与健康事业投入机制，将医疗卫生与健康促进经费纳入本级政府预算”，并明确了具体的投入方向，为建立健康优先发展的财政投入保障机制奠定了基础。下一步，建议借鉴教育优先的成功经验，进一步强化健康优先财政投入的刚性约束，确保各级人民政府卫生健康财政拨款的增长应当高于财政经常性收入的增长，并将优先保障安排卫生健康基础设施建设、信息化建设、人才队伍和能力建设等以法律的形式加以明确，保证按照公立医院诊疗服务人次平均的财政投入水平逐步增长、保证公立医院医务人员基本工资逐步增长。

**（五）考核问责优先**

健康中国战略必须强化考核“指挥棒”作用。《“健康中国2030”规划纲要》明确提出“将主要健康指标纳入各级党委和政府考核指标”。2019 年国务院办公厅印发《健康中国行动组织实施和考核方案》，进一步提出“综合考核结果经推进委员会审定后通报，作为各省（区、市）、各相关部门党政领导班子和领导干部综合考核评价、干部奖惩使用的重要参考”。基本医疗卫生与健康促进法第六条明确“将公民主要健康指标改善情况纳入政府目标责任考核”，并在附则中明确了“主要健康指标”的具体含义，这为更好推动健康中国考核工作奠定了法律基础。此外，基本医疗卫生与健康促进法第八十九、第九十条还进一步明确了针对县级以上人民政府和有关部门基本医疗卫生与健康促进履职约谈机制，建立起主要负责人约谈机制，并要求“约谈情况和整改情况应当纳入有关部门和地方人民政府工作评议、考核记录”，强化了常态化的问责机制。下一步，建议总结新冠肺炎疫情防控经验教训，借鉴地方和其他领域有益经验，探索实行重大健康危害事件“一票否决”，探索实行县以上主要领导干部健康保护责任离任审计制度。

另外，医疗卫生人员是健康生产力中最活跃的因素，是保护和促进人民健康的主力军，所以需要给予医疗卫生人员应有的重视。基本医疗卫生与健康促进法第五十五条明确“国家建立健全符合医疗卫生行业特点的人事、薪酬、奖励制度，体现医疗卫生人员职业特点和技术劳动价值”，特别提出“对从事传染病防治、放射医学和精神卫生工作以及其他在特殊岗位工作的医疗卫生人员，应当按照国家规定给予适当的津贴”，并且“津贴标准应当定期调整”。第五十七条要求“全社会应当关心、尊重医疗卫生人员，维护良好安全的医疗卫生服务秩序，共同构建和谐医患关系”，明确“医疗卫生人员的人身安全、人格尊严不受侵犯，其合法权益受法律保护”“禁止任何组织或者个人威胁、危害医疗卫生人员人身安全，侵犯医疗卫生人员人格尊严”，并在其他条文中对医疗卫生人员培养培训、使用、注册、执业等作出了具体规定，为维护和保障医务人员基本权利奠定了基础。下一步，还需要将上述法律规定进一步细化为具体法律机制。

综上，作为我国卫生健康领域的第一部基础性、综合性法律，基本医疗卫生与健康促进法明确了健康优先的法理基础、责任主体和基本要求，并在此基础上以法律的形式明确了健康影响评估评价制度、投入保障、监督问责等核心制度，形成保障人民健康优先发展的制度体系，为确立和强化卫生健康发展在经济社会发展全局中的基础性地位奠定了法律基础，为把健康优先发展的基本要求具体化为一整套法律制度和机制提供了基本依据，必将为保障人民健康权、实现以人民为中心的高质量发展提供强大法治保障。

## 第 3 篇

# 将医改的成熟定型经验以法的形式予以巩固

■ 宋大平

习近平总书记指出，在实现“两个一百年”奋斗目标的历史进程中，发展卫生健康事业始终处于基础性地位，同国家整体战略紧密衔接，发挥着重要支撑作用。破除阻碍卫生健康事业发展的固有利益藩篱，不断深化体制机制改革，则是确保卫生健康事业发挥支撑国家战略作用的重要驱动。2009 年以来，新一轮深化医药卫生体制改革（医改）深入推进，基本医疗卫生制度建设持续架梁立柱，基本医疗卫生服务不断惠及全民，取得了显著成效，积累了丰富经验。《中华人民共和国基本医疗卫生与健康促进法》将医改的成熟定型经验以法的形式予以巩固，将医改全面纳入法治轨道，为有序推进医改提供了保障，为持续增进人民群众健康福祉作出了立法承诺和关怀。

## 一、落实立法引领和推动改革精神

党的十八大、十九届中央政治局第四次集体学习、十二届全国人大一次会议、十八届四中全会等重要会议上多次提出，发挥立法的引领和推动作用，提高运用法治思维和法治方式深化改革的能力，发挥立法在改革顶层设计方面的重要作用，将实践证明行之有效的改革举措及时上升为法律，提高立法质量，增强法律法规的及时性、系统性、针对性、有效性，确保在法治轨道上推进改革。

医改作为民生领域的重大改革，自2009年启动以来，以解决“看病难、看病贵”为重点，将“基本医疗卫生制度作为公共产品向全民提供”作为基本理念，以“建立健全覆盖城乡居民的基本医疗卫生制度，逐步实现人人享有基本医疗卫生服务”为总体目标，按照“保基本、强基层、建机制”的基本原则，坚持“统筹安排、突出重点、试点先行、循序推进”的基本路径，以公共卫生服务、医疗服务、医疗保障、药品供应保障四大体系，管理、运行、投入、价格、监管体制机制和科技与人才、信息、法制支撑（四梁八柱）建设为基本框架，开展了一系列系统改革。党的十八届三中全会以来，在分级诊疗、现代医院管理、全民医保、药品供应保障、综合监管五项制度建设和统筹推进相关领域改革方面取得新突破，着力构建“政府主导、部门联动、上下协同、社会参与”的医改工作格局，努力实现人民群众得实惠、医务人员受鼓舞、卫生健康事业得发展。本法将医改实践证明行之有效的改革理念、举措和成熟定型经验上升为法律，发挥了立法在医改顶层设计方面的重要作用，是落实立法引领和推动改革精神、完善中国特色社会主义法治体系、实现国家治理体系和治理能力现代化的重要体现和有效实践。

## 二、对医改的基础性原则性问题予以立法确认

本法将医改的基础性原则性问题以法的形式予以确认，确保医改在法治轨道上稳步运行。

### （一）明确医疗卫生事业的公益性质

2009 年《中共中央 国务院关于深化医药卫生体制改革的意见》指出，要坚持、维护和落实公共医疗卫生的公益性质，从改革方案设计、卫生制度建立到服务体系建设都要遵循公益性原则，公立医院要遵循公益性质和社会效益原则。11 年来，一系列改革举措和改革成效都体现了这一性质。基本医疗卫生与健康促进法第三条第二款提出医疗卫生事业应当坚持公益性原则，第四十条第一款提出政府举办的医疗卫生机构应当坚持公益性质，对“公益性”予以立法确认。

#### 1. 政府财政投入保障是坚持医疗卫生事业公益性质的前提

本法明确了医疗卫生事业的政府财政投入保障，这是确保医疗卫生事业具备并体现公益性质的前提。

第八十条规定各级人民政府建立医疗卫生事业投入机制，将医疗卫生与健康促进经费纳入本级政府预算，第四十条规定政府举办医疗卫生机构的所有收支均纳入预算管理，明确了以预算管理保障医疗卫生事业的政府财政投入责任，而不是依靠市场或其他方式发展医疗卫生事业，从而确保医疗卫生事业具有公益性质。

第八十条同时规定了政府预算主要保障四类事务，即基本医疗服务、公共卫生服务、基本医疗保障和政府举办的医疗卫生机构建设和运行发展。以政府预算保障政府举办的医疗卫生机构建

设和运行发展，是政府举办的公共卫生机构和医疗机构本着公益目的提供医疗卫生服务的前提，同时以政府预算保障基本医疗服务、公共卫生服务、基本医疗保障，也为第二十九条规定的“基本医疗服务主要由政府举办的医疗卫生机构提供”和第二十一条规定的“政府向居民免费提供免疫规划疫苗”等公益事务作出政府财政投入承诺。

2. 通过规范非营利性医疗卫生机构的设置保障医疗卫生事业的公益性质

本法对非营利性医疗卫生机构的设置、地位和罚则等作出明确规定，为非营利性医疗卫生机构作出非公益行为设立了法律防线。

第三十九条和第四十条规定：一是政府举办非营利性医疗卫生机构；二是政府举办的医疗卫生机构可以与社会力量合作举办非营利性医疗卫生机构；三是政府举办的医疗卫生机构不得与社会资本合作举办营利性医疗卫生机构；四是政府资金、捐赠资产举办或者参与举办的医疗卫生机构不得设立为营利性医疗卫生机构；五是医疗卫生机构不得对外出租、承包医疗科室；六是非营利性医疗卫生机构不得向出资人、举办者分配或者变相分配收益。第一百条规定相应的罚则，以上条款明确了非营利性医疗卫生机构的举办主体、设置方式、资金来源、收益分配去向、禁止开展的追逐经济利益行为、处罚方式等，指导非营利性医疗卫生机构在实践中避免非公益行为，确保实现第三十九条规定的非营利性医疗卫生机构作为医疗卫生服务体系的主体，在基本医疗卫生事业中发挥主导作用，保障基本医疗卫生服务公平可及。

### 3. 通过强调医疗卫生机构的社会效益体现医疗卫生事业的公益性质

坚持医疗卫生事业的公益性质，要求政府举办的和非营利性的医疗卫生机构不以经济利益为主要追求目标，要求无论举办主体或所有制性质，医疗卫生机构均应在减免贫困患者的医疗费用、承担公共卫生职能、积极参与突发公共卫生事件的应急处置和医疗救治等方面体现出社会效益。

第四十条规定政府举办的医疗卫生机构按照医疗卫生服务体系规划合理设置并控制规模，对政府举办医疗卫生机构的盲目扩张、追求经济效益作出了限制。

第三十五条第二款规定医院提供突发公共卫生事件医疗处置和救援，第五十条规定发生自然灾害、事故灾难、公共卫生事件和社会安全事件等严重威胁人民群众生命健康的突发事件时，医疗卫生机构、医疗卫生人员应当服从政府部门的调遣，参与卫生应急处置和医疗救治。以上针对突发公共卫生事件医疗处置和救援的主体规定是无差别规定，不分政府举办或是社会力量举办，不分营利性还是非营利性，均须作出公益行为，是医疗卫生事业公益性质的进一步宣示和体现。

### （二）保障总体改革目标的实现

本法第五条第一款提出公民依法享有从国家和社会获得基本医疗卫生服务的权利，第二款提出国家建立基本医疗卫生制度，建立健全医疗卫生服务体系，保护和实现公民获得基本医疗卫生服务的权利，为实现医改“建立健全覆盖城乡居民的基本医疗卫生制度，逐步实现人人享有基本医疗卫生服务”的总体改革目标提供了重要法治保障。

1. 立法保障基本医疗卫生制度的建立

基本医疗卫生制度的建立和完善是本法的基石。与党的十九届四中全会《中共中央关于坚持和完善中国特色社会主义制度 推进国家治理体系和治理能力现代化若干重大问题的决定》对标对表，第五条以法治保障建立基本医疗卫生制度这一卫生健康领域的根本制度。第二章至第六章、第八章通篇构建起了建立健全以基本公共卫生服务均等化项目和专业公共卫生服务机构为主要载体的公共卫生服务体系，由政府办、社会办的，营利性、非营利性的，基层医疗卫生机构、医院、国家和省级区域性医疗中心、国家医学中心等各级各类医疗卫生机构及其人员分工合作提供服务的医疗服务体系，由基本医疗保险、医疗救助、商业健康保险等构成，基本医疗保险更好地发挥购买和支付作用的多层次医疗保障体系，以基本药物、药品审评审批、药品全过程追溯、医药储备等制度和药品价格、供求等监测体系为主要依托的药品供应保障体系四位一体，医药卫生管理、运行、投入、价格、监管、科技与人才、信息、法制八个支撑为基础框架的基本制度，并提出完善发展以分级诊疗制度、现代医院管理制度、全民医保制度、药品供应保障制度、综合监管制度为代表的重要制度，为坚持和完善中国特色基本医疗卫生制度体系，推进卫生健康治理体系和治理能力现代化提供了法律依据。

2. 保障公民实现获得基本医疗卫生服务的权利

本法同时对基本医疗卫生服务的政府责任、财政保障和公民享有等作出规定，切实保障公民享有从国家和社会获得基本医疗卫生服务的权利。

在基本医疗卫生服务的政府责任方面，卫生健康主管部门负有以下责任：第七条第二款规定负责统筹协调全国医疗卫生与健康促进工作；第九十四条规定开展卫生行政执法；第八十六条第二款规定开展医疗卫生行业属地化、全行业监督管理；第九十五条规定引导行业自律；第九十一条规定建立医疗卫生机构绩效评估制度；第二十七条第二款规定开展院前急救工作；第六十五条第二款规定编制大型医用设备配置规划；第十六条第二款规定会同财政部门、中医药主管部门等共同确定国家基本公共卫生服务项目；第九十三条规定与医疗保障主管部门共同建立医疗卫生机构、人员信用记录制度。医疗保障主管部门负有以下责任：第八十七条规定开展医疗保障监管；第八十五条第三款规定听取国务院卫生健康主管部门、中医药主管部门、药品监督管理部门、财政部门等有关方面的意见，对纳入支付范围的基本医疗保险药品目录、诊疗项目、医疗服务设施标准等组织开展循证医学和经济性评价；第九十三条规定与卫生健康主管部门共同建立医疗卫生机构、人员信用记录制度。

在基本医疗卫生服务的财政保障方面，第八十条要求各级人民政府切实履行发展医疗卫生与健康事业的职责，建立与经济社会发展、财政状况和健康指标相适应的医疗卫生与健康事业投入机制。第八十一条规定县级以上人民政府通过预算、审计、执法监督、社会监督等方式，加强卫生健康资金监管。

在基本医疗卫生服务的公民享有方面，第一条和第五条规定公民享有基本医疗卫生服务、享有从国家和社会获得基本医疗卫生服务的权利；第三十六条第一款规定各级各类医疗卫生机构应当分工合作，为公民提供预防、保健、治疗、护理、康复、安宁疗护等全方位全周期的医疗卫生服务；第十六条规定公民享有安全有效的基本公共卫生服务；第十五条第二款和第二十一条提出基本公共卫生服务由国家免费提供，政府免费向居民提供免疫规划疫苗。

（三）保障医改基本原则的落实

本法保障了“保基本、强基层、建机制”医改基本原则的落实。

1. 保障“保基本”

本法对基本医疗服务、基本公共卫生服务、基本药物、基本医疗保险作出规定，保障医改“保基本”原则的落实。

第十五条指出基本医疗卫生服务是指维护人体健康所必需、与经济社会发展水平相适应、公民可公平获得的，采用适宜药物、适宜技术、适宜设备提供的疾病预防、诊断、治疗、护理和康复等服务，包括基本公共卫生服务和基本医疗服务。在基本公共卫生服务方面，第十六条第二款和第三款明确了国家基本公共卫生服务项目的确定方式，赋予省、自治区、直辖市补充确定本行政区域的基本公共卫生服务项目的权限；第十七条第一款确认了基本公共卫生服务均等化项目中重大项目的合法性；第十八条明确了基本公共卫生服务的提供方式，即政府通过举办专业公共卫生机构、基层医疗卫生机构和医院，或者从其他医疗卫生机构购买服务的方式提供基本公共卫生服务。在基本医疗服务方面，第二十九条规定了基本医疗服务的提供方式，即主要由政府举办的医疗卫生机构提供，同时鼓励社会力量举办的医疗卫生机构提供基本医疗服务。

在基本药物方面，第五十九条第一款规定国家实施基本药物制度，遴选适当数量的基本药物品种，满足疾病防治基本用药需求。第二款对基本药物目录作出规定，该目录要公开，并且根据药品临床应用实践、药品标准变化、药品新上市情况等作出动态调整。第三款规定基本药物和基本医疗保险的联动，即基本药物按照规定优先纳入基本医疗保险药品目录。第四款要求国家提高基本药物的供给能力，强化基本药物质量监管，确保基本药物公平可及、合理使用。

在基本医疗保险方面，第八十二条第一款先是规定基本医疗服务费用主要由基本医疗保险基金和个人支付，进而对基本医疗保险基金的多渠道筹措、可持续筹资和保障水平调整机制作出规定；第八十四条和第八十五条规定了基本医疗保险的购买和支付机制；第八十三条第一款明确了多层次医疗保障体系中基本医疗保险是主体。

2. 保障“强基层”

本法对医改“强基层”举措予以立法确认。

一是强调卫生规划、资源配置和医疗卫生技术应用向基层倾斜。第十条强调合理规划和配置医疗卫生资源，以基层为重点，采取多种措施优先支持县级以下医疗卫生机构发展，提高其医疗卫生服务能力。第四十八条提出开发适合基层和边远地区应用的医疗卫生技术。

二是增进基层医疗卫生机构“守门人”功能。第三十条第一款确认了非急诊患者首先到基层医疗卫生机构就诊，实行首诊负责制和转诊审核责任制。第三十一条确认了基层医疗卫生机构实行家庭医生签约服务，建立家庭医生服务团队，与居民签订协议，根据居民健康状况和医疗需求提供基本医疗卫生服务。

三是多措并举提升基层医疗卫生队伍素质及服务能力。第五十六条规定国家建立医疗卫生人员定期到基层和艰苦边远地区从事医疗卫生工作制度。国家采取定向免费培养、对口支援、退休返聘等措施，加强基层和艰苦边远地区医疗卫生队伍建设。执业医师晋升为副高级技术职称的，应当有累计一年以上在县级以下或者对口支援的医疗卫生机构提供医疗卫生服务的经历。对在基层和艰苦边远地区工作的医疗卫生人员，在薪酬津贴、职称评定、职业发展、教育培训和表彰奖励等方面实行优惠待遇。国家加强乡村医疗卫生队伍建设，建立县乡村上下贯通的职业发展机制，完善对乡村医疗卫生人员的服务收入多渠道补助机制和养老政策。

3. 保障“建机制”

本法对卫生健康工作机制、协作协调机制和具体制度下的相关机制均作出立法保障。

在卫生健康工作机制、协作协调机制方面，第八十条提出建立与经济社会发展、财政状况和健康指标相适应的医疗卫生与健康事业投入机制。第八十八条提出卫生健康、医疗保障、药品监督管理、发展改革、财政等部门建立沟通协商机制，加强制度衔接和工作配合。第三十六条第二款提出各级人民政府采取措施支持医疗卫生机构与养老机构、儿童福利机构、社区组织建立协作机制。第五十八条提出建立药品供应保障制度的工作协调机制，保障药品的安全、有效、可及。第二十三条第一款提出建立职业健康工作机制。

在具体制度下的相关机制方面，第三十条第一款提出确立分级诊疗制度基层首诊、双向转诊、急慢分治、上下联动的机制，第二款提出建立医疗联合体等协同联动的医疗服务合作机制；第八十二条第一款提出完善基本医疗保险可持续筹资和保障水平调整机制；第八十四条提出建立健全基本医疗保险经办机构与协议定点医疗卫生机构之间的协商谈判机制；第五十二条第一款提出建立适应行业特点和社会需求的医疗卫生人员培养机制和供需平衡机制；第五十六条第五款提出建立县乡村上下贯通的职业发展机制；第四十七条提出完善医疗风险分担机制；第九十六条提出建立医疗纠纷预防和处理机制。

## 三、保障五项基本医疗卫生制度建设

本法将党的十八届三中全会以来五项基本医疗卫生制度建设全面纳入法治轨道。

1. 保障建立科学合理的分级诊疗制度

第三十条、第三十四条至第三十七条、第四十二条等对建立科学合理的分级诊疗制度予以保障。

一是对建立分级诊疗制度作出概括性规定。第三十条第一款提出国家推进基本医疗服务实行分级诊疗制度，引导非急诊患者首先到基层医疗卫生机构就诊，实行首诊负责制和转诊审核责任制，逐步建立基层首诊、双向转诊、急慢分治、上下联动的机制。

二是明确分级诊疗的医疗卫生服务体系具备城乡全覆盖、功能互补、连续协同的特征，其医疗卫生资源依据医疗卫生服务体系规划合理规划配置。第三十四条即规定建立健全由基层医疗卫生机构、医院、专业公共卫生机构等组成的城乡全覆盖、功能互补、连续协同的医疗卫生服务体系，国家加强县级医院、乡镇卫生院、村卫生室、社区卫生服务中心（站）和专业公共卫生机构等的建设，建立健全农村医疗卫生服务网络和城市社区卫生服务网络。第三十七条规定县级以上人民政府应当制定并落实医疗卫生服务体系规划，科学配置医疗卫生资源，举办医疗卫生机构，为公民获得基本医疗卫生服务提供保障。政府举办医疗卫生机构，应当考虑本行政区域人口、经济社会发展状况、医疗卫生资源、健康危险因素、发病率、患病率以及紧急救治需求等情况。

三是明确各级各类医疗卫生机构的分工及功能。第三十五条和第四十二条明确了专业公共卫生机构、基层医疗卫生机构、医院、国家医学中心及国家和省级区域性医疗中心的功能定位。专业公共卫生机构主要提供传染病、慢性非传染性疾病、职业病、地方病等疾病预防控制和健康教育、妇幼保健、精神卫生、院前急救、采供血、食品安全风险监测评估、出生缺陷防治等公共卫生服务。基层医疗卫生机构主要提供预防、保健、健康教育、疾病管理，为居民建立健康档案，常见病、多发病的诊疗以及部分疾病的康复、护理，接收医院转诊患者，向医院转诊超出自身服务能力的患者等基本医疗卫生服务。医院主要提供疾病诊治，特别是急危重症和疑难病症的诊疗，突发事件医疗处置和救援以及健康教育等医疗卫生服务，并开展医学教育、医疗卫生人员培训、医学科学研究和对基层医疗卫生机构的业务指导等工作。国家医学中心和国家、省级区域性医疗中心，负责诊治疑难重症，研究攻克重大医学难题，培养高层次医疗卫生人才。

四是明确各级各类医疗卫生机构的协作及合作。第三十六条即规定各级各类医疗卫生机构应当分工合作，为公民提供预防、保健、治疗、护理、康复、安宁疗护等全方位全周期的医疗卫生服务，各级人民政府采取措施支持医疗卫生机构与养老机构、儿童福利机构、社区组织建立协作机制，为老年人、孤残儿童提供安全、便捷的医疗和健康服务。第三十条第二款规定县级以上地方人民政府根据本行政区域医疗卫生需求，整合区域内政府举办的医疗卫生资源，因地制宜建立医疗联合体等协同联动的医疗服务合作机制。

五是明确分级诊疗制度与基本医疗保险制度联动。第三十条明确规定分级诊疗制度“与基本医疗保险制度相衔接”，引导基本医疗保险制度进一步发挥支付和购买作用，促进形成更加科学合理的分级诊疗秩序。

### 2. 保障建立科学有效的现代医院管理制度

第四十五条、第五十五条第一款、第九十一条对建立科学有效的现代医院管理制度予以保障。

一是对建立现代医院管理制度作出概括性规定。第四十五条第一款提出建立现代医院管理制度，其特征是权责清晰、管理科学、治理完善、运行高效、监督有力。

二是保障公立医院稳步推行人事薪酬制度改革。第五十五条第一款提出建立健全符合医疗卫生行业特点的人事、薪酬、奖励制度，体现医疗卫生人员职业特点和技术劳动价值，从而促进公立医院施行价格联动改革，保障运行机制良性转换。

三是保障落实现代医院管理制度内部治理要求。第四十五条第二款提出，医院应当制定章程，建立和完善法人治理结构，实现提高医疗卫生服务能力和运行效率的目的。

四是保障落实医疗卫生机构绩效评估制度。第九十一条即规定建立医疗卫生机构绩效评估制度，对医疗卫生机构的服务质量、医疗技术、药品和医用设备使用等情况进行评估，评估结果以适当方式向社会公开，作为评价医疗卫生机构和卫生监管的重要依据。

3. 保障建立高效运行的全民医疗保障制度

第八十二条至第八十五条对建立高效运行的全民医疗保障制度予以保障。

一是明确多层次医疗保障体系的构成。第八十三条第一款规定在多层次医疗保障体系的构成中，基本医疗保险是主体，商业健康保险、医疗救助、职工互助医疗和医疗慈善服务等为补充。

二是对发挥医疗保障体系主体作用的基本医疗保险作出规定，明确其功能、制度构成、资金筹集、参保缴费、保障水平调整、基金的支付及购买机制。第八十二条第一款规定了基本医疗保险的功能，即基本医疗服务费用主要由基本医疗保险基金和个人支付，由此引出基本医疗保险基金多渠道筹措，并且要逐步完善可持续筹资和保障水平调整机制，进而确保基本医疗服务的可负担性；第二款明确公民对于基本医疗保险的参保权利和义务，并且从参保缴费的角度规定基本医疗保险包括职工基本医疗保险和城乡居民基本医疗保险。第八十四条和第八十五条规定基本医疗保险的支付和购买机制。第八十五条第一款确定基本医疗保险基金支付范围的确定主体，即国务院医疗保障主管部门听取卫生健康主管部门、中医药主管部门、药品监督管理部门、财政部门等的意见，组织制定基本医疗保险基金支付范围；第三款规定对纳入支付范围的基本医疗保险药品目录、诊疗项目、医疗服务设施标准等组织开展循证医学和经济性评价，评价结果应当作为调整基本医疗保险基金支付范围的依据；第二款赋予地方政府具有补充确定本行政区域基本医疗保险基金支付的具体项目和标准的权限。第八十四条规定国家建立健全基本医疗保险经办机构与协议定点医疗卫生机构之间的协商谈判机制，科学合理确定基本医疗保险基金支付标准和支付方式，实现引导医疗卫生机构合理诊疗、促进患者有序流动、提高基本医疗保险基金使用效益三重目的。

三是对发展补充医疗保险作出规定。第八十三条第二款和第三款倡导发展商业健康保险，满足人民群众多样化的健康保障需求，完善医疗救助制度，保障符合条件的困难群众获得基本医疗服务，从而确保补充医疗保险更好地发挥作用，与基本医疗保险一道增进公民的健康福祉。

4. 保障建立规范有序的药品供应保障制度

第五章（第五十八条至第六十六条）对建立规范有序的药品供应保障制度予以保障。

一是对完善药品供应保障制度作出概括性规定。第五十八条提出完善药品供应保障制度，建立工作协调机制，保障药品的安全、有效、可及。第五章整章规定了基本药物、审评审批、全流程追溯、医药储备、供应监测、价格监测等制度和体系，明确了药品供应保障制度的基本框架。

二是规定了实施基本药物制度的目的、基本药物目录动态调整、与基本医疗保险联动，以及改善基本药物供给。第五十九条规定国家实施基本药物制度，遴选适当数量的基本药物品种，满足疾病防治基本用药需求。国家公布基本药物目录，根据药品临床应用实践、药品标准变化、药品新上市情况等，对基本药物目录进行动态调整。基本药物按照规定优先纳入基本医疗保险药品目录。国家提高基本药物的供给能力，强化基本药物质量监管，确保基本药物公平可及、合理使用。

三是规定了药品供应保障制度中的核心制度和体系。第六十条至第六十四条对药品审评审批制度，药品研制、生产、流通、使用全过程追溯制度，中央与地方两级医药储备，以及药品价格监测体系、药品供求监测体系作出规定，从技术可及、经济可及、供应可及方面保障药品可及性，防范药品供应短缺，保证药品生产经营质量安全，维护药品市场秩序。

四是对医药器械和中药管理作出规定。第六十五条和第六十六条提出完善医疗器械的标准和规范，根据技术的先进性、适宜性和可及性编制大型医用设备配置规划，促进医用设备合理配置、充分共享；强调国家加强中药的保护与发展，充分体现中药的特色和优势，发挥其在预防、保健、医疗、康复中的作用。

5. 保障建立严格规范的综合监管制度

第八十六条至第九十一条、第九十三条至第九十七条等对建立严格规范的综合监管制度予以保障。

一是对建立健全医疗卫生综合监管体系作出概括性规定。第八十六条第一款对“建立健全机构自治、行业自律、政府监管、社会监督相结合的医疗卫生综合监督管理体系”作出总体规定，多个条款对医疗卫生综合监管的主体定位及协调分工、监管机制及方式等作出具体规定，构建了“政府主导、综合协调，依法监管、属地化全行业管理，社会共治、公开公正”的新时期医疗卫生综合监管格局。

二是规定发挥政府主导作用，加强综合协调。本法多处规定了卫生健康、医疗保障、药品监督管理、中医药、财政部门的职责，并由第八十八条规定县级以上人民政府组织卫生健康、医疗保障、药品监督管理、发展改革、财政等部门建立沟通协商机制，加强制度衔接和工作配合，提高医疗卫生资源使用效率和保障水平。第九十条和第九十八条构建了卫生健康领域政府依法履职的法律框架，并且设定了履职失当的法律处置，具体规定为：未履行医疗卫生与健康促进工作相关职责的，由约谈制对其予以处置；滥用职权、玩忽职守、徇私舞弊的，对直接负责的主管人员和其他直接责任人员依法给予处分。

三是规定依法监管，开展属地化全行业管理。第九十四条赋予卫生健康监督机构接受县级以上地方人民政府卫生健康主管部门委托，行使医疗卫生行政执法的权限。第八十六条第二款规定卫生健康主管部门对医疗卫生行业实行属地化、全行业监督管理。

四是规定构建多元参与、社会共治的监管新体系。本法对构建卫生健康领域“机构自治、行业自律、信用约束、医患沟通、人大监督和社会监督”的监管新体系作出规定。第八十六条对机构自治作出原则性要求，引导医疗卫生机构健全完善自治体系，提高自治能力，改善治理效率。第九十五条规定积极培育医疗卫生行业组织，支持其在行业管理规范、技术标准制定和医疗卫生评价、评估、评审等工作中发挥行业自律作用。第九十三条倡导建立医疗卫生机构、人员等信用记录制度，纳入全国信用信息共享平台，按照国家规定实施联合惩戒。第九十六条规定建立医疗纠纷预防和处理机制，妥善处理医疗纠纷，维护医疗秩序。第八十九条规定人民代表大会及其常务委员会对于基本医疗卫生与健康促进工作的监督权，第九十七条规定公民、法人和其他组织对医疗卫生与健康促进工作的社会监督权。

## 四、保障统筹推进相关领域改革

本法将党的十八届三中全会以来统筹推进相关领域改革的成熟定型经验以法的形式予以巩固确定。

### 1. 保障健全完善人才培养使用和激励评价机制

本法第八条第二款、第五十一条至第五十七条对健全完善人才培养使用和激励评价机制予以保障。

一是对卫生人才的培养培训予以保障。第八条第二款规定国家发展医学教育，完善适应医疗卫生事业发展需要的医学教育体系，大力培养医疗卫生人才。第五十二条第一款提出国家制定医疗卫生人员培养规划，建立适应行业特点和社会需求的医疗卫生人员培养机制和供需平衡机制，完善医学院校教育、毕业后教育和继续教育体系，建立健全住院医师、专科医师规范化培训制度，建立规模适宜、结构合理、分布均衡的医疗卫生队伍；第二款提出加强全科医生的培养和使用。

二是对卫生人才的激励评价予以保障。首先，体现人才激励公平性。第五十五条要求建立健全符合医疗卫生行业特点的人事、薪酬、奖励制度，体现医疗卫生人员职业特点和技术劳动价值，并提出对从事传染病防治、放射医学和精神卫生工作以及其他在特殊岗位工作的医疗卫生人员，按照国家规定给予适当津贴，津贴标准应当定期调整。第五十六条第四款规定对在基层和艰苦边远地区工作的医疗卫生人员，在薪酬津贴、职称评定、职业发展、教育培训和表彰奖励等方面实行优惠待遇。其次，在人才评价体系中设定支援基层的硬性要求。第五十六条第三款提出执业医师晋升为副高级技术职称的，应当有累计一年以上在县级以下或者对口支援的医疗卫生机构提供医疗卫生服务的经历。最后，体现对乡村医疗卫生队伍的关怀。第五十六条第五款提出加强乡村医疗卫生队伍建设，建立县乡村上下贯通的职业发展机制，完善对乡村医疗卫生人员的服务收入多渠道补助机制和养老政策，从而筑牢农村医疗卫生服务网络的网底。

三是对卫生人才的使用等作出规定。首先，第五十三条对医疗卫生人员的准入作出规定，提出医疗卫生人员应当依法取得相应的职业资格，依法实行执业注册。其次，对卫生人才的职业精神和行风建设作出规定。第五十一条和第五十四条要求医疗卫生人员弘扬“敬佑生命、救死扶伤、甘于奉献、大爱无疆”的职业精神，恪守医德，遵守临床诊疗技术规范和各项操作规范以及医学伦理规范，不得利用职务之便索要、非法收受财物或者牟取其他不正当利益。最后，对保障卫生人才的执业环境作出规定。第五十七条提出医疗卫生人员的人身安全、人格尊严不受侵犯，其合法权益受法律保护，全社会应当关心、尊重医疗卫生人员，维护良好安全的医疗卫生服务秩序，保障医疗卫生人员执业环境，禁止任何组织或者个人威胁、危害医疗卫生人员人身安全，侵犯医疗卫生人员人格尊严。

2. 保障加快形成多元办医格局

第十八条、第二十九条、第三十条第二款、第四十一条对加快形成多元办医格局予以保障。

一是鼓励发展社会办医疗机构。第四十一条第一款提出国家采取多种措施，鼓励和引导社会力量依法举办医疗卫生机构，并提出支持和规范社会力量举办的医疗卫生机构与政府举办的医疗卫生机构开展多种类型的医疗业务、学科建设、人才培养等合作。

二是规定社会办医与政府办医的同等待遇，即按照第四十一条第二款规定，社会力量举办的医疗卫生机构在基本医疗保险定点、重点专科建设、科研教学、等级评审、特定医疗技术准入、医疗卫生人员职称评定等方面享有与政府举办的医疗卫生机构同等的权利。

三是规定设立为非营利性医疗卫生机构的社会办医与政府办医享有同等的优惠待遇，即按照第四十一条第三款规定，享受同等的税收、财政补助、用地、用水、用电、用气、用热等政策。

四是确认了社会办医疗机构提供基本公共卫生服务和基本医疗服务、参与医疗联合体的合法性。第十八条和第二十九条分别确认了社会办医参与提供基本公共卫生服务和基本医疗服务的权利，即县级以上人民政府可以通过购买服务的方式，从社会力量举办的医疗卫生机构购买基本公共卫生服务，鼓励社会力量举办的医疗卫生机构提供基本医疗服务。第三十条第二款鼓励社会力量举办的医疗卫生机构参与其所在区域内的医疗联合体等医疗服务合作机制。

3. 保障推进公共卫生服务体系建设

第十五条第二款、第十六条第二款和第三款、第十七条至第二十五条、第二十七条、第二十八条、第三十四条、第三十五条第三款、第八十条、第一百零七条对推进公共卫生服务体系建设予以保障。

一是对健全完善公共卫生服务体系予以保障。首先，第三十四条将专业公共卫生机构作为城乡全覆盖、功能互补、连续协同的医疗卫生服务体系的重要一环予以规定，对加强专业公共卫生机构建设作出要求。第一百零七条在界定本法用语含义时规定专业公共卫生机构是指疾病预防控制中心、专科疾病防治机构、健康教育机构、急救中心（站）和血站等。第八十条规定公共卫生服务经费纳入本级政府预算。其次，第三十五条第三款规定了专业公共卫生机构的职能，即主要提供传染病、慢性非传染性疾病、职业病、地方病等疾病预防控制和健康教育、妇幼保健、精神卫生、院前急救、采供血、食品安全风险监测评估、出生缺陷防治等公共卫生服务。最后，第十九条至第二十四条、第二十七条和第二十八条进而分别对健全完善突发事件卫生应急体系、传染病防控制度、预防接种制度、慢性非传染性疾病防控与管理制度、职业健康保护、妇幼保健和预防出生缺陷、院前急救体系、精神卫生和心理健康服务体系作出规定。

二是对基本公共卫生服务均等化项目予以保障。首先，第十五条第二款对基本公共卫生服务的免费提供作出立法承诺。其次，第十六条第二款明确了基本公共卫生服务项目的确定主体，由国务院卫生健康主管部门会同国务院财政部门、中医药主管部门等共同确定；第三款赋予省、自治区、直辖市人民政府在国家基本公共卫生服务项目基础上，补充确定本行政区域的基本公共卫生服务项目的权限。第十七条第一款确认了基本公共卫生服务均等化项目中重大项目的合法性，规定国务院和省、自治区、直辖市人民政府可以将针对重点地区、重点疾病和特定人群的服务内容纳入基本公共卫生服务项目并组织实施。第二十五条强调将老年人健康管理和常见病预防等纳入基本公共卫生服务项目。最后，第十八条明确基本公共卫生服务的提供方式，即政府举办专业公共卫生机构、基层医疗卫生机构和医院，或者从其他医疗卫生机构购买服务，来实施基本公共卫生服务均等化项目，提供基本公共卫生服务。

4. 保障加快推进医疗卫生信息化

第八条第一款、第四十九条、第九十二条对加快推进医疗卫生信息化予以保障。

一是提出推进医疗卫生与信息技术融合发展，推进信息技术在医疗卫生领域和医学教育中的应用。第八条第一款和第四十九条第二款即作出此规定。

二是提出推进全民健康信息化。第四十九条第一款提出推动健康医疗大数据、人工智能等的应用发展，加快医疗卫生信息基础设施建设，制定健康医疗数据采集、存储、分析和应用的技术标准，运用信息技术促进优质医疗卫生资源的普及与共享。

三是提出推进医疗卫生机构的信息化建设。第四十九条第三款即规定国家采取措施，推进医疗卫生机构建立健全医疗卫生信息交流和信息安全制度，应用信息技术开展远程医疗服务，构建线上线下一体化医疗服务模式。

四是规定保障信息安全。第九十二条规定，国家保护公民个人健康信息，确保公民个人健康信息安全。任何组织或者个人不得非法收集、使用、加工、传输公民个人健康信息，不得非法买卖、提供或者公开公民个人健康信息。

总而言之，一部基本医疗卫生与健康促进法，即是全面巩固和确认医改成熟定型经验的法。该法不是等米下锅，而是选米下锅，针对医改实践、体制机制障碍破解对于立法提出的迫切需要，及时回应关切，保障医改于法有据，确保医改顺利推行。全面纳入法治轨道的医改，必将进一步促进基本医疗卫生制度更加成熟、更加定型，基本医疗卫生服务高质量发展，医务人员和患者群众的获得感、幸福感与安全感更加充实、更有保障、更可持续。

## 第 4 篇

# 界定基本医疗卫生服务和创新服务提供模式

■黄二丹

基本医疗卫生服务是医疗卫生事业发展和健康促进的基础，《中华人民共和国基本医疗卫生与健康促进法》综合前期医药卫生体制改革精神，尤其是借鉴了《国务院办公厅关于城市公立医院综合改革试点的指导意见》（国办发〔2015〕38 号）、《国务院办公厅关于建立现代医院管理制度的指导意见》（国办发〔2017〕67 号）以及《关于加强公立医院党的建设工作的意见》等公立医院改革的重要文件，分两章从明确基本医疗卫生服务的内容和提供、构建优质高效的服务体系和创新医疗卫生服务模式三个方面对其提供了更为高阶的立法保障。

## 一、明确基本医疗卫生服务的内容和提供

1. 提出基本医疗卫生服务的内容

基本医疗卫生与健康促进法第十五条规定，基本医疗卫生服务是指维护人体健康所必需、与经济社会发展水平相适应、公民

可以公平获得的，采用适宜药物、适宜技术、适宜设备提供的疾病预防、诊断、治疗、护理和康复等服务。基本医疗卫生服务包括基本公共卫生服务和基本医疗服务。

国家基本公共卫生服务项目由国务院卫生健康主管部门会同财政、中医药等主管部门共同确定。省级以上人民政府可以将针对重点地区、重点疾病和儿童、老年人等特定人群的服务内容纳入基本公共卫生服务项目并组织实施。县级以上地方人民政府针对本行政区域重大疾病和主要健康危险因素，开展专项防控工作。国家向全体公民免费提供基本公共卫生服务。

基本医疗服务主要由政府举办的医疗卫生机构提供，鼓励社会力量举办的医疗卫生机构提供基本医疗服务。

2. 明确基本医疗卫生服务的提供方式

基本公共卫生服务由县级以上人民政府通过举办专业公共卫生机构、基层医疗卫生机构和医院提供或者从其他医疗卫生机构购买，具体包括卫生应急体系、传染病防控、预防接种、慢性非传染性疾病防控与管理、职业病防治、妇幼保健、老年人保健、院前急救和精神卫生等。国家通过建立健全突发事件卫生应急体系，制定和完善应急预案，组织开展突发事件的医疗救治、卫生学调查处置和心理援助等卫生应急工作，有效控制和消除危害。国家通过建立传染病防控制度，制定传染病防治规划并组织实施，加强传染病监测预警，坚持预防为主、防治结合，联防联控、群防群控、源头防控、综合治理，阻断传播途径，保护易感人群，降低传染病的危害。国家通过完善预防接种制度，加强免疫规划工作。居民有依法接种免疫规划疫苗的权利和义务。政府免费向居民提供免疫规划疫苗。国家通过建立慢性非传染性疾病防控与管理制度，对慢性非传染性疾病及其致病危险因素开展监测、调查和综合防控干预，及时发现高危人群，为患者和高危人群提供诊疗、早期干预和随访管理等服务。国家通过加强职业健康保护，建立健全职业健康工作机制，加强职业健康监督管理，提高职业病综合防治能力和水平。国家通过发展妇幼保健事业，为妇女、儿童提供保健及常见病防治服务，促进生殖健康，预防出生缺陷，保障妇女、儿童健康。国家发展老年人保健事业，省级以上人民政府应当将老年人健康管理和常见病预防等纳入基本公共卫生服务项目。国家通过建立健全院前急救体系，为急危重症患者提供及时、规范、有效的急救服务。国家通过发展精神卫生事业，建设完善精神卫生服务体系，维护和增进公民心理健康，预防、治疗精神障碍。

国家推进基本医疗服务实行分级诊疗制度，引导非急诊患者首先到基层医疗卫生机构就诊，实行首诊负责制和转诊审核责任制，逐步建立基层首诊、双向转诊、急慢分治、上下联动的机制，并与基本医疗保险制度相衔接。县级以上地方人民政府根据本行政区域内的医疗卫生需求，整合区域内政府举办的医疗卫生资源，因地制宜建立医疗联合体等协同联动的医疗服务合作机制，鼓励社会力量举办的医疗卫生机构参与医疗服务合作机制。国家推进基层医疗卫生机构实行家庭医生签约服务模式，建立家庭医生服务团队，与居民签订协议，根据居民健康状况和医疗需求提供基本医疗卫生服务。公民接受医疗卫生服务，对病情、诊疗方案、医疗风险、医疗费用等事项依法享有知情同意的权利。

## 二、构建优质高效的整合型服务体系

基本医疗卫生与健康促进法第三十四条规定，国家加强以县级医院为中心，乡镇卫生院、村卫生室为基础的农村医疗卫生服务网络和以社区卫生服务中心为主体的城市社区卫生服务网络的建设。基层医疗卫生机构主要提供预防、保健、健康教育、疾病管理，为居民建立健康档案，常见病、多发病的诊疗以及部分疾病的护理、康复，接收医院转诊患者，向医院转诊超出自身服务能力的患者等基本医疗卫生服务。

基本医疗卫生服务需要体系重构和服务模式创新，其主要目标是实现分级诊疗。实现分级诊疗目标的具体路径包括构建医疗卫生联合体和全科医师制度，目前政策操作突破点是县域紧密型医共体改革。依据《关于开展紧密型县域医疗卫生共同体建设试点的指导方案》，紧密型医共体的目标是实现县域医疗卫生服务能力明显提升，医保基金得到有效利用，居民医药费用负担合理控制，有序就医格局基本形成。力争到2020年底，县域就诊率达到90%，县域内基层就诊率达到65%左右，基层医疗卫生机构有能力开展的技术、项目不断增加。具体工作内容包括以下四个方面。

1. 整合县乡医疗卫生资源

每个县（市）根据地理位置、服务人口、现有医疗卫生机构设置和布局等情况，组建若干个（一般为1～3个）以县级医疗机构为龙头、其他若干家县级医疗机构及乡镇卫生院、社区卫生服务中心为成员单位的紧密型医共体。医共体牵头机构原则上为二级甲等以上医疗机构。医疗服务能力达到二级医院水平的基层医疗卫生机构可牵头组建医共体。鼓励社会力量办医疗机构和康复院、护理院加入医共体。医共体内成员单位法人资格保持不变。加强医联体建设和乡村一体化管理。充分发挥城市三级公立医院的作用，与医共体牵头机构组建多种形式的医联体，通过专科共建、临床带教、业务指导、教学查房、科研和项目协作等多种方式，提升牵头机构医疗服务能力与管理水平。稳步推进乡村一体化管理，鼓励乡镇卫生院对村卫生室实行行政、人员、业务、药品、财务、绩效为主要内容的一体化管理；探索实施乡村医生“县招、乡管、村用”，进一步保障其收入待遇。完善医疗卫生资源集约配置。按照精简、高效的原则，鼓励实行医共体内行政管理、业务管理、后勤服务、信息系统等统一运作，提高服务效率，降低运行成本。医共体实行药品耗材统一管理，统一用药目录、统一采购配送、统一支付货款。有条件的地区，要打破县域内不同医共体之间的区别，探索县域内药品耗材的统一管理和采购配送等。鼓励以县为单位，建立开放共享的影像、心电、病理诊断和医学检验等中心，推动基层检查、上级诊断和区域互认。加强医共体内部和医共体之间床位、号源、设备的统筹使用，进一步贯通服务链，实现资源共享。

2. 推进管理体制改革

按照优化、协同、高效的原则，建立由县级党委、政府牵头，机构编制、发展改革、人力资源社会保障、财政、卫生健康、医保等部门及医共体成员单位等利益相关方代表参与的管理委员会，统筹医共体的规划建设、投入保障、人事安排和考核监管等重大事项，如制定医共体领导班子成员选拔、任免原则和程序，明确医共体内统筹使用资产的核算、调配、使用规则等。管理委员会的日常工作机构设在县级卫生健康行政部门。建立医共体牵头单位与各成员单位共同参与、定期协商的议事决策制度和工作章程，明确权责清单，坚持科学、民主、依法决策。医共体领导班子按照干部管理权限管理，实行任期目标责任制。推进人事薪酬制度改革。医共体内县级医疗机构和基层医疗卫生机构的编制分别核定，探索由医共体统筹使用。医共体内人员实行岗位管理，按照“按需设岗、竞聘上岗、以岗定薪”的原则，统一岗位设置，加强聘用管理。充分落实医共体在人员招聘、内设机构、岗位设置、中层干部聘任、内部绩效考核、收入分配、职称聘任等方面的自主权。医共体要优先保障基层医疗卫生机构用人需要，适当提高基层医疗卫生机构中、高级专业技术岗位比例。按照“两个允许”的要求，推进基层医疗卫生机构逐步建立“公益一类保障与公益二类激励相结合”的运行新机制，进一步完善基层医疗卫生机构绩效工资政策，逐步建立符合医疗卫生行业特点、有利于人才下沉和医共体发展的薪酬制度。医务人员收入由医共体自主分配，以岗位为基础，以绩效为核心，打破单位、层级和身份区别，建立多劳多得、优绩优酬的内部分配机制，并与药品、耗材和检查检验收入脱钩。鼓励对医共体负责人和成员单位负责人实施年薪制。

3. 深化运行机制改革

加强“三医”联动，完善医保总额付费等多种付费方式，探索实行医保按人头总额预算管理，建立结余留用、合理超支分担机制，引导医共体主动做好预防保健和健康管理，提高医保基金使用绩效。鼓励按照总量控制、结构调整、有升有降的原则，动态调整医疗服务价格，逐步理顺医疗服务比价关系，并做好与医保支付、医疗控费和财政投入等政策的衔接，确保医共体良性运行、医保基金可承受、群众负担不增加。根据医共体建设发展需要，依据公立医院和基层医疗卫生机构的补助政策，原渠道足额安排对医共体成员单位的补助资金。按照《公共卫生服务补助资金管理暂行办法》（财社〔2015〕255 号）要求，实行基本公共卫生服务经费按医共体常住人口总额预算，由医共体统筹管理和使用，年初预拨部分工作经费，绩效考核后发放。医共体内财务实行统一管理、集中核算，各成员单位财务单独设账。加强医共体的内审管理，自觉接受审计监督。

4. 建设区域医疗中心网络

基本医疗卫生与健康促进法第四十二条指出，国家以建成的医疗卫生机构为基础，合理规划与设置国家医学中心和国家、省级区域性医疗中心，诊治疑难重症，研究攻克重大医学难题，培养高层次医疗卫生人才。

区域医疗中心网络是依托现有的三级医疗服务体系，合理规划与设置国家医学中心及国家区域医疗中心，充分发挥国家医学中心和国家区域医疗中心的引领和辐射作用。通过合理规划、能力建设和结构优化等举措，进一步完善区域间优质医疗资源配置，整合推进区域医疗资源共享，促进医疗服务同质化，逐步实现区域分开，推动公立医院科学发展，建立符合我国国情的分级诊疗制度。区域医疗中心包括国家医学中心、国家区域医疗中心和区域医疗中心三类。

国家医学中心在疑难重症诊断与治疗、高层次医学人才培养、高水平基础医学研究与临床研究成果转化、解决重大公共卫生问题、医院管理等方面代表全国顶尖水平，具备国际竞争力，能有力发挥牵头作用，引领全国医学技术发展方向，为国家政策制定提供支持，会同国家区域医疗中心带动全国医疗、预防和保健服务水平提升。

国家区域医疗中心在疑难重症诊断与治疗、医学人才培养、临床研究、疾病防控、医院管理等方面代表区域顶尖水平。协同国家医学中心带动区域医疗、预防和保健服务水平提升，努力实现区域间医疗服务同质化。

区域医疗中心是以国家医学中心为依托，通过建设分中心、分支机构，促进医师多点执业等多种方式，在患者流出多、医疗资源相对薄弱地区提升特定专科的服务能力。其建设目标是：在优质医疗资源短缺地区建成一批高水平的临床诊疗中心，使相关地区特定专科治疗水平与京、沪等地差距大幅缩小，跨省、跨区域就医大幅减少，推动分级诊疗制度建设取得突破性进展。

## 三、医疗卫生服务提供模式的创新

### 1. 创新慢病管理模式

重点建设高危、独居老年人等重点人群的网点数据库，以家庭医生为支点，加强与公安、民政等部门的紧密合作，纵向建立家庭医生、基层医疗机构、二级和三级医疗机构及其他公共管理部门的多层次健康保护联动体系，横向建立家庭医生、社区居委会、村委会、社会工作者和志愿者为一线工作人员的网格化综合安全管理体系，消除健康管理服务链上的断层和盲点。

加强慢性病防治机构和队伍能力建设。发挥中国疾病预防控制中心、国家心血管病中心、国家癌症中心在政策咨询、标准规范制定、监测评价、人才培养、技术指导等方面的作用，在条件成熟地区依托现有资源建设心血管病、癌症等慢性病区域中心，建立由国家、区域和基层中医专科专病诊疗中心构成的中医专科专病防治体系。各地区要明确具体的医疗机构承担对辖区内心脑血管疾病、癌症、慢性呼吸系统疾病、糖尿病等慢性病防治的技术指导。二级以上医院要配备专业人员，履行公共卫生职责，做好慢性病防控工作。基层医疗卫生机构要根据工作实际，提高公共卫生服务能力，满足慢性病防治需求。

构建慢性病防治结合工作机制。疾病预防控制机构、医院和基层医疗卫生机构要建立健全分工协作、优势互补的合作机制。疾病预防控制机构负责开展慢性病及其危险因素监测和流行病学调查、综合防控干预策略与措施实施指导和防控效果考核评价；医院承担慢性病病例登记报告、危重急症病人诊疗工作并为基层医疗卫生机构提供技术支持；基层医疗卫生机构具体实施人群健康促进、高危人群发现和指导、患者干预和随访管理等基本医疗卫生服务。加强医防合作，推进慢性病防、治、管整体融合发展。

建立健康管理长效工作机制。明确政府、医疗卫生机构和家庭、个人等各方在健康管理方面的责任，完善健康管理服务内容和服务流程。逐步将符合条件的癌症、脑卒中等重大慢性病早诊早治适宜技术按规定纳入诊疗常规。探索通过政府购买服务等方式，鼓励企业、公益慈善组织、商业保险机构等参与慢性病高危人群风险评估、健康咨询和健康管理，培育以个性化服务、会员制经营、整体式推进为特色的健康管理服务产业。

2. 探索建立中国特色家庭医生制度

制定家庭医生签约服务标准。在家庭医生准入、服务方式、服务内容、筹资机制、人员管理等方面出台家庭医生执业标准和签约服务规范，解决签约服务项目杂、执业不规范、收费缺标准、筹资少渠道等问题。合理设定家庭医生签约服务目标，不设达标任务，重点是做实签约，提高质量。

调整完善签约服务内容。首先结合重点人群的需求，提供常见病多发病诊疗、合理用药、就医路径指导、转诊预约等全流程、全方位的医疗卫生服务，提升签约人群的获得感。其次规范签约行为，强化监督考核，更加注重履约服务质量，不盲目追求签约数量。最后加强与专科服务的衔接，争取二级以上医院更多专科及专家号源优先向家庭医生与签约居民开放，建立绿色转诊通道，加快家庭医生签约服务智能化信息平台的建设与应用。

以医保杠杆为核心建立激励机制。从国际上看，建立家庭医生制度最核心的做法是将其收入与签约居民的数量、服务质量和健康结果挂钩，利用市场机制促使家庭医生以技术水平和服务态度竞争，实现医患双赢。在“三方五家”推荐的整合型医疗服务典范国家和案例中，对家庭医生按人头打包付费的健康保险、对签约居民遵循家庭医生首诊转诊设定的报销比例、由家庭医生作为居民代理人购买医疗药品服务的支付设计，是家庭医生制度成功实施的关键。

通过“五个入口”解决家庭医生不足不强的问题。一是医学院校入口，加快培养全科医生队伍，在区域卫生规划中提高千人口全科医生和家庭医生标准。二是转岗培训入口，重点加强现有基层医务人员转岗培训，使其适应家庭医生服务的需要。三是退休医师入口，以基层医疗卫生机构为平台，招募临床经验丰富的退休医生，鼓励他们投身到家庭医生制度建设中。四是多点执业入口，鼓励大医院专家参与家庭医生团队，提升家庭医生团队的服务能力和技术水平。五是社会力量入口，鼓励医疗集团、国际医师组织等多种社会力量在我国家庭医生制度框架下服务居民。

有破有立，为家庭医生构建良好执业环境。一方面梳理行业政策，拓展基层发展空间。从机构设置、建设标准、编制标准、设备配备、技术准入、收入分配、监督考核等方面全面梳理，厘清限制家庭医生发展的有关政策，逐条研究，逐条修订甚至废除，坚决破除制约家庭医生发展空间的行业政策障碍。另一方面加强与财政、人社、医保等相关部门的协调，在人事编制、收入分配、医保报销等方面，为家庭医生创造利于发展的外部政策环境。

3. 发展远程医疗服务模式与政策环境

国家推进全民健康信息化和健康医疗大数据应用发展，加快医疗卫生信息基础设施建设，制定健康医疗大数据采集、存储、分析和应用的技术标准，运用信息化和大数据促进优质医疗卫生资源的合理配置与共享。国家推进医疗卫生机构应用信息技术开展远程诊疗、远程影像诊断等远程医疗服务，构建线上线下一体化医疗服务模式。采取措施，推进医疗卫生机构建立健全医疗卫生信息交流和信息安全制度。推进信息技术在医疗卫生领域的应用，支持探索发展医疗卫生服务新模式、新业态。

4. 突出医疗卫生服务科技创新

国家鼓励医疗卫生机构、医疗卫生人员不断改进预防、保健、诊断、治疗、护理和康复的技术、设备与服务，支持开发适合基层和边远地区应用的医疗卫生技术。通过智能照护腕表、血压计、血糖仪等物联外设或内置监测设备，利用人工智能远程监测、识别和判断健康危险因素，实现对居民的体征监测和预警，实现急慢分治、紧急呼叫和应急处置；利用网络云服务，为村医提供智能化专家辅助诊断系统，帮助基层医护人员根据患者的生活习惯、症状、辅助检查等内容，自动提供诊断、治疗和康复计划，以最高的效率提高诊疗水平；人工智能根据居民健康档案和诊疗历史记录，通过服务号、穿戴设备等途径针对性推送健康教育信息，设计个性化的健康促进方案，提供精准健康服务。

## 第 5 篇

# 明确基本医疗卫生服务的定义和内涵

■张　怡　宋大平

党的十七大报告提出了“健康是人全面发展的基础”的重要论断，并将“人人享有基本医疗卫生服务”确立为实现全面建设小康社会的一项重要奋斗目标。深化医药卫生体制改革，逐步实现人人享有基本医疗卫生服务的目标，是涉及 14 亿人的重大民生工程，其重要性不言而喻。2009 年《中共中央 国务院关于深化医药卫生体制改革的意见》明确指出，保障人人享有基本医疗卫生服务是深化医药卫生体制改革的根本出发点和落脚点。2016 年《“健康中国 2030”规划纲要》也将实现“人人享有基本医疗卫生服务”作为建设健康中国的战略目标。

保障公民享有基本医疗卫生服务是此次基本医疗卫生与健康促进法的立法初心和核心。基本医疗卫生与健康促进法在总则第一条开宗明义，表明该法的立法宗旨是“为了发展医疗卫生与健康事业，保障公民享有基本医疗卫生服务，提高公民健康水平，推进健康中国建设”。此外，该法在分则中将基本医疗卫生服务单列一章，并作出了细致规定。

## 一、基本医疗卫生服务的概念

### （一）基本医疗卫生服务的概念演进

1. 初级卫生保健

基本医疗卫生服务的概念起源于初级卫生保健（Primary Health Care）。1978年9月，世界卫生组织各成员国在国际初级卫生保健会议上订立《阿拉木图宣言》（*Declaration of Alma-Ata*）。该宣言指出，初级卫生保健是实现“2000年人人享有卫生保健”（Health for All by the Year 2000）目标的基本策略和路径。根据该宣言，初级卫生保健是指“依靠切实可行、学术上可靠又受社会欢迎的方法和技术，通过社区的个人和家庭的积极参与普遍能享受的，并在本着自力更生及自决精神，在发展的各个时期群众及国家能够负担得起的一种基本的卫生保健”。具体而言，《阿拉木图宣言》中初级卫生保健是指以下方面。

- 反映着并产生于国家及其群众的经济条件及社会文化和政治特点，并建立在社会、生物医学及卫生服务研究有关结果的实施及公共卫生经验之上。

- 解决群众的主要卫生问题，并提供相应的促进、预防、治疗及康复服务。

- 至少包括：对普遍的卫生问题及其预防及控制方法的宣传教育；改善食品供应及适当营养；足量供应安全的饮用水和基本卫生；妇幼卫生保健，包括计划生育、主要传染病的免疫接种；当地地方病的预防和控制；常见疾病和伤害的妥善处理；基本药物的供应。

• 除卫生部门外，还涉及与国家及其群众发展相关的各有关部门和有关方面，特别是农业、畜牧、食品、工业、教育、住房、市政工程、交通及其他部门；并要求所有部门相互协作。

• 要求并最大限度地推动群众和个人自立并参与初级卫生保健的规划、组织、运作及管理，充分利用当地、本国及其他既有资源；并为此目的通过适宜的宣传教育来提高群众参与的能力。

• 应有完整的、实用的、相互支持的转诊制度，以便循序渐进地改善为所有人提供的全面卫生保健，并优先考虑最需要治疗的人群。

• 当地医疗体系及转诊体系应当依靠医师、护士、助产士、助理人员和社区工作者（必要时也包括传统医学工作者）等经过适当社会及业务培训并可以以医疗队形式开展工作的医务工作者，来满足群众中反映的卫生需求。

世界卫生组织则将初级卫生保健定义为：在整个生命历程中通过全面的促进、保护、预防、治疗、康复和姑息治疗满足人们的健康需求，以初级保健和公共卫生职能为综合卫生服务的核心要素，从战略上优先考虑针对个人和家庭以及人口的重要卫生保健服务；通过贯穿所有部门的循证公共政策和行动，系统解决更广泛的健康问题决定因素（包括社会、经济、环境以及人们的特征和行为）；赋予个人、家庭和社区尽可能增进自身健康的权利，使其成为促进和保护健康和福祉政策的倡导者，成为健康和社会服务的共同开发者，以及成为自己和他人的照护者①。

联合国经济、社会及文化权利委员会在其《第14号一般性意见：享有能够达到的最高标准的身体和心理健康的权利（第十二条)》中指出，《经济、社会及文化权利国际公约》的缔约国在保障健康权方面承担一项核心义务，即保障基本的初级卫生保健(Essential Primary Health Care)。中国作为《经济、社会及文化权利国际公约》的缔约国，自然承担着保障基本的初级卫生保健的义务。

总而言之，不同的国际组织或国家对初级卫生保健的定义各不相同。在某些情况下，初级卫生保健特指提供门诊或第一级个人医疗保健服务。在另一些情况下，初级卫生保健被认为是针对低收入人群的一套重点卫生干预措施。但是，无论是在发达国家还是在发展中国家，初级卫生保健都包含“营养与生活方式干预、生殖相关健康服务（孕产妇保健、分娩服务等)、儿童基本保健服务、计划免疫、传染性疾病防治、一般疾病的初级诊疗”等服务内容，且多通过政府税收对相关服务进行保障②。

2. 全民健康覆盖

作为“人人享有卫生保健”（Health for All）的延伸，“全民健康覆盖”(Universal Health Coverage) 的概念是以“初级卫生保健”为基础，要求确保所有人均可获得预防、促进、治疗、康复

---

① 世界卫生组织．初级卫生保健［R/OL］．（2019－02－27）［2020－09－24］．https：//www. who. int/zh/news－room/fact－sheets/detail/primary－health－care.

② 国家卫生健康委卫生发展研究中心．基本医保服务包设置研究报告［R］．北京：国家卫生健康委卫生发展研究中心，2016.

和姑息治疗等所需的卫生服务而不会有经济损失或陷入贫困的危险。世界卫生组织提出了衡量全民健康覆盖的三个维度（见图5－1），分别是覆盖的广度（享受健康保障人口的比例）、覆盖的深度（保障的基本服务范围）及覆盖的高度（统筹和预付机制所覆盖的医疗卫生费用比例）。全民健康覆盖的目标是使所有人能够以其自身和国家都可承受的费用获得所需的卫生服务。其中，覆盖人群应尽可能达到100%；自付水平应控制在15%～20%；服务覆盖范围尽可能广，应包括预防、促进、治疗、康复和姑息治疗等服务。但鉴于医疗卫生资源的稀缺性，在实现全民健康覆盖的过程中，决策者不得不在覆盖人群、覆盖的服务范围、补偿水平这三个核心领域进行取舍①。

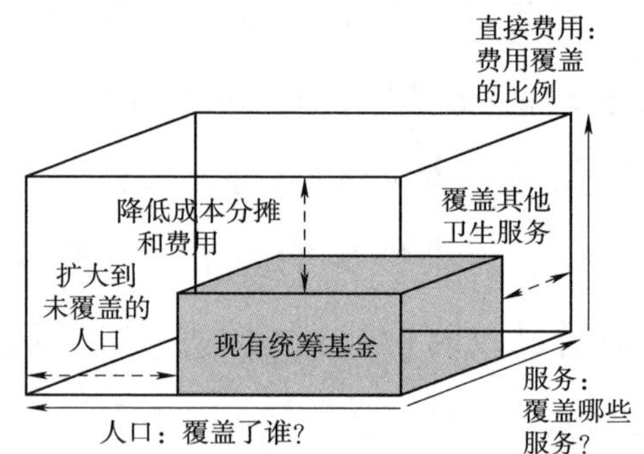


来源：世界卫生组织（1）和Busse，Schreyögg & Gericke（13）。

**图5－1　全民健康覆盖概念模型②**

① 国家卫生健康委卫生发展研究中心．基本医保服务包设置研究报告［R］．北京：国家卫生健康委卫生发展研究中心，2016.

② 世界卫生组织．2013年世界卫生报告：全民健康覆盖研究［R］．日内瓦：世界卫生组织，2013：7.

### （二）基本医疗卫生服务的定义

基本医疗卫生服务是基本医疗卫生与健康促进法的核心概念。习近平总书记在2016年全国卫生与健康大会上强调，基本医疗卫生服务是医疗卫生服务中最基础、最核心的部分，应该主要由政府负责保障，全体人民公平获得。

正如本书第1篇文章中所述，为了落实《阿拉木图宣言》中有关初级卫生保健的规定，国务院法制局早在1996年就已将“初级卫生保健法”列入立法规划。2003年，十届全国人大常委会也将“初级卫生保健法”列入了立法规划第一类项目。但是，考虑到“初级”一词无法体现该法作为卫生健康领域基本法的定位，2008年，十一届全国人大常委会将其更名为“基本医疗卫生保健法”；2016年，全国人大教科文卫委员会又再次将该法的名称调整为“基本医疗卫生与健康促进法”。

基本医疗卫生与健康促进法第十五条第一款明确了基本医疗卫生服务的定义，即“维护人体健康所必需、与经济社会发展水平相适应、公民可公平获得的，采用适宜药物、适宜技术、适宜设备提供的疾病预防、诊断、治疗、护理和康复等服务”。第十五条第二款进一步明确，基本医疗卫生服务包括基本公共卫生服务和基本医疗服务。基本医疗卫生服务的定义可以从三个方面进行解读①。

第一，基本医疗卫生服务是“维护人体健康所必需、与经济社会发展水平相适应”的服务。推动医疗卫生与健康事业高质量

① 张怡.《基本医疗卫生与健康促进法》全解析［J］. 中国医院院长，2020，16（23）：88.

发展，满足人民日益增长的健康卫生需求是深化医药卫生体制改革的一项重大任务。但是，应当认识到，我国仍然面临着医疗卫生资源总量不足等问题。因此，发展基本医疗卫生服务必须立足于我国的基本国情，同当前的发展阶段相适应。正如习近平总书记在全国卫生与健康大会上所说，“拓展基本医疗卫生服务的内涵和标准要量力而行、尽力而为，不能不切实际作出承诺，把胃口吊得过高”。构建基本医疗卫生服务制度的重心应当放在“保基本”上。政府举办的医疗卫生机构应当满足公民的基本需求，确保基本医疗卫生服务的公平可及；而类似“医疗美容”“特需病房”等特殊医疗服务，则可以通过社会力量举办的医疗机构来提供，以满足群众多元化、差异化、个性化的健康需求。当然，随着经济社会发展，政府的保障能力逐步增强时，基本医疗卫生的服务范围可以逐步扩大，服务标准也可以逐步提高。

第二，基本医疗卫生服务是“公民可公平获得”的服务。实现人人享有基本医疗卫生服务的关键是确保每一个公民都有机会获得均等化的基本医疗卫生服务。国家有义务确保基本医疗卫生服务公平可及，任何公民，无论年龄、性别、职业、地域、支付能力等因素，都可以公平享有。

对此，基本医疗卫生与健康促进法首先规定了政府在保障基本医疗卫生服务可及性方面的具体责任：“县级以上人民政府通过举办专业公共卫生机构、基层医疗卫生机构和医院，或者从其他医疗卫生机构购买服务的方式提供基本公共卫生服务”（第十八条）；“基本医疗服务主要由政府举办的医疗卫生机构提供”（第二十九条）。为了解决我国医疗资源配置不均衡，边远贫困地区看病难的问题，基本医疗卫生与健康促进法规定，“国家合理规划和配置医疗卫生资源，以基层为重点，采取多种措施优先支持县级以下医疗卫生机构发展，提高其医疗卫生服务能力”（第十条）。同时，该法还规定了包括分级诊疗制度、家庭医生签约服务制度等在内的一系列“强基层”举措（具体参见本书第8篇文章），推动医疗卫生资源下沉至基层，加强基层医疗卫生机构和人才队伍建设，提升基本医疗卫生服务可及性。

其次，为了确保基本医疗卫生服务的可负担性，基本医疗卫生与健康促进法在第十五条第二款中规定，“基本公共卫生服务由国家免费提供”。这一条款明确了政府提供基本公共卫生服务的责任和投入，确保了基本公共卫生服务的公平可及。在保障基本医疗服务可负担性方面，基本医疗卫生与健康促进法规定了“基本医疗服务费用主要由基本医疗保险基金和个人支付”（第八十二条）；“国家完善医疗救助制度，保障符合条件的困难群众获得基本医疗服务”（第八十三条第三款）。第八十条还规定了各级人民政府应当“将医疗卫生与健康促进经费纳入本级政府预算，按照规定主要用于保障基本医疗服务、公共卫生服务、基本医疗保障和政府举办的医疗卫生机构建设和运行发展”。

第三，基本医疗卫生服务是“采用适宜药物、适宜技术、适宜设备提供”的服务。如前所述，我国仍面临着卫生资源总量不足的问题。一些世界先进的诊疗手段、昂贵的创新药物，即使是欧美发达国家也难以负担。在确定基本医疗卫生服务的范围时，不应盲目追求这些服务，而应充分考虑中国的基本国情和疾病负担，采用适宜的药物、技术和设备，以最小的卫生投入获得最大的健康产出。

## 二、基本公共卫生服务

### （一）基本公共卫生服务的内容

#### 1. 基本公共卫生服务均等化

促进基本公共卫生服务均等化是2009年《中共中央 国务院关于深化医药卫生体制改革的意见》提出的五项重点改革之一。该意见明确提出，国家制定基本公共卫生服务项目，从2009年起，逐步向城乡居民统一提供疾病预防控制、妇幼保健、健康教育等基本公共卫生服务。实施国家重大公共卫生服务项目，有效预防控制重大疾病及其危险因素，进一步提高突发重大公共卫生事件处置能力。健全城乡公共卫生服务体系，完善公共卫生服务经费保障机制。

为贯彻落实意见要求，卫生部、财务部、国家人口和计划生育委员会在2009年7月印发了《关于促进基本公共卫生服务逐步均等化的意见》，明确了基本公共卫生服务均等化的主要任务：一是制定和实施国家基本公共卫生服务项目，二是实施国家重大公共卫生服务项目。国家基本公共卫生服务项目是促进基本公共卫生服务逐步均等化的重要内容，是深化医药卫生体制改革的重要工作。国家根据经济社会发展状况、主要公共卫生问题和干预措施效果，确定国家基本公共卫生服务项目。国家基本公共卫生服务项目随着经济社会发展、公共卫生服务需要和财政承受能力适时调整。地方政府根据当地公共卫生问题、经济发展水平和财政承受能力等因素，可在国家基本公共卫生服务项目基础上增加基本公共卫生服务内容。基本公共卫生服务项目主要通过城市社区卫生服务中心（站）、乡镇卫生院、村卫生室等城乡基层医疗卫生机构免费为全体居民提供，其他医疗卫生机构也可提供。

自 2009 年起，国家基本公共卫生服务项目正式执行，免费向全体居民提供。该项目主要包括建立居民健康档案，健康教育，预防接种，儿童保健，孕产妇保健，老年人保健，传染病防治，高血压、糖尿病等慢性病和重性精神疾病管理 9 大类共 22 项服务项目。在随后的 8 年里，国家基本公共卫生服务项目逐步拓展到 14 大类 55 项服务（见表 5－1 和图 5－2）。

国家重大公共卫生服务项目则由国家和各地区针对主要传染病、慢性病、地方病、职业病等重大疾病和严重威胁妇女、儿童等重点人群的健康问题以及突发公共卫生事件预防和处置需要制定和实施，并适时充实调整。从 2009 年开始继续实施结核病、艾滋病等重大疾病防控、国家免疫规划、农村孕产妇住院分娩、贫困白内障患者复明、农村改水改厕、消除燃煤型氟中毒危害等重大公共卫生服务项目，并新增 15 岁以下人群补种乙肝疫苗、农村妇女孕前和孕早期增补叶酸预防神经管缺陷、农村妇女乳腺癌、宫颈癌检查等项目。重大公共卫生服务项目主要通过专业公共卫生机构组织实施。

2. 基本公共卫生服务的法定范围

基本医疗卫生与健康促进法明确，国家基本公共卫生服务项目由国务院卫生健康主管部门会同国务院财政部门、中医药主管部门等共同确定（第十六条第二款）。省、自治区、直辖市人民政府可以在国家基本公共卫生服务项目基础上，补充确定本行政区域的基本公共卫生服务项目，并报国务院卫生健康主管部门备

**表 5－1　国家基本公共卫生服务项目**

| 2009 版(9 类) | 2011 版(10 类) | 2015 版(12 类) | 2017 版(14 类) |
|---|---|---|---|
| 1. 城乡居民健康档案管理<br>2. 健康教育<br>3. 0～36 个月儿童健康管理<br>4. 孕产妇健康管理<br>5. 老年人健康管理<br>6. 预防接种<br>7. 传染病报告和处理<br>8. 慢性病患者健康管理<br>9. 重性精神疾病患者管理 | 1. 城乡居民健康档案管理<br>2. 健康教育<br>3. 0～6 岁儿童健康管理<br>4. 孕产妇健康管理<br>5. 老年人健康管理<br>6. 预防接种<br>7. 传染病及突发公共卫生事件报告和处理<br>8. 慢性病患者健康管理<br>9. 重性精神疾病患者管理<br>10. 卫生监督协管 | 1. 居民健康档案管理<br>2. 健康教育<br>3. 0～6 岁儿童健康管理<br>4. 孕产妇健康管理<br>5. 老年人健康管理<br>6. 预防接种<br>7. 慢性病患者健康管理<br>8. 重性精神障碍患者管理<br>9. 结核病患者健康管理<br>10. 中医药健康管理<br>11. 传染病及突发公共卫生事件报告和处理<br>12. 卫生计生监督协管 | 1. 居民健康档案管理<br>2. 健康教育<br>3. 0～6 岁儿童健康管理<br>4. 孕产妇健康管理<br>5. 老年人健康管理<br>6. 预防接种<br>7. 慢性病患者健康管理<br>8. 重性精神障碍患者管理<br>9. 结核病患者健康管理<br>10. 中医药健康管理<br>11. 传染病及突发公共卫生事件报告和处理<br>12. 卫生计生监督协管<br>13. 免费提供避孕药具<br>14. 健康素养促进行动 |

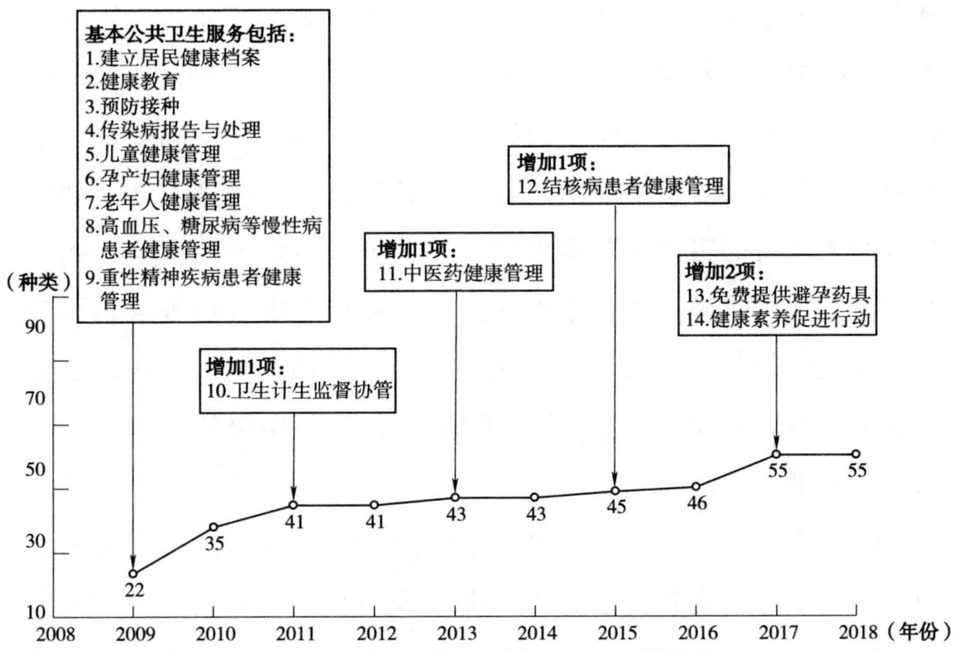


**图 5－2　2009—2018 年国家基本公共卫生服务项目种类和数量的变化**

案（第十六条第三款）。国务院和省、自治区、直辖市人民政府可以将针对重点地区、重点疾病和特定人群的服务内容纳入基本公共卫生服务项目并组织实施。县级以上地方人民政府针对本行政区域重大疾病和主要健康危险因素，开展专项防控工作（第十七条）。国务院和省、自治区、直辖市人民政府应当将老年人健康管理和常见病预防等纳入基本公共卫生服务项目（第二十五条）。

### （二）基本公共卫生服务的提供

首先，基本医疗卫生与健康促进法规定了国家采取措施，保障公民享有安全有效的基本公共卫生服务的义务（第十六条第一款）。县级以上人民政府通过举办专业公共卫生机构、基层医疗卫生机构和医院，或者从其他医疗卫生机构购买服务的方式提供基本公共卫生服务（第十八条）。该法还明确了各级各类医疗卫生机构的定位。基层医疗卫生机构主要提供预防、保健、健康教育、疾病管理，为居民建立健康档案，常见病、多发病的诊疗以及部分疾病的康复、护理，接收医院转诊患者，向医院转诊超出自身服务能力的患者等基本医疗卫生服务。专业公共卫生机构主要提供传染病、慢性非传染性疾病、职业病、地方病等疾病预防控制和健康教育、妇幼保健、精神卫生、院前急救、采供血、食品安全风险监测评估、出生缺陷防治等公共卫生服务（第三十五条第一、第三款）。

除此之外，基本医疗卫生与健康促进法还针对基本公共卫生服务作出了一系列制度性安排，进一步明确了国家责任。具体包括：国家建立健全突发事件卫生应急体系（第十九条）；国家建立传染病防控制度（第二十条）；国家实行预防接种制度，加强免疫规划工作（第二十一条）；国家建立慢性非传染性疾病防控与管理制度（第二十二条）；国家加强职业健康保护，县级以上人民政府应当制定职业病防治规划，建立健全职业健康工作机制（第二十三条）；国家发展妇幼保健事业，建立健全妇幼健康服务体系，为妇女、儿童提供保健及常见病防治服务，保障妇女、儿童健康，并且国家采取措施，为公民提供婚前保健、孕产期保健等服务，促进生殖健康，预防出生缺陷（第二十四条）；国家发展老年人保健事业（第二十五条）；国家发展残疾预防和残疾人康复事业，完善残疾预防和残疾人康复及其保障体系，采取措施为残疾人提供基本康复服务（第二十六条）；国家建立健全院前急救体系，为急危重症患者提供及时、规范、有效的急救服务，急救中心（站）不得以未付费为由拒绝或者拖延为急危重症患者提供急救服务（第二十七条）；国家发展精神卫生事业，建设完善精神卫生服务体系（第二十八条）。

### （三）基本公共卫生服务的经费保障

《关于促进基本公共卫生服务逐步均等化的意见》规定了公共卫生经费保障机制。各级政府要根据实现基本公共卫生服务逐步均等化的目标，完善政府对公共卫生的投入机制，逐步增加公共卫生投入。基本公共卫生服务按项目为城乡居民免费提供，经费标准按单位服务综合成本核定，所需经费由政府预算安排。地方政府要切实负起支出责任，中央通过一般性转移支付和专项转移支付对困难地区给予补助。政府对乡村医生承担的公共卫生服务等任务给予合理补助，具体补助标准由地方人民政府规定，其中基本公共卫生服务所需经费从财政安排的基本公共卫生服务补助经费中统筹安排。

数据显示，中央财政近年来对医疗卫生投入力度持续加大。财政部在2009年至2018年间安排中央转移支付地方基本公共卫生服务项目补助资金共计2486.25亿元，基本公共卫生服务人均财政补助标准也从2009年的15元提高至2019年的69元①。

此次基本医疗卫生与健康促进法对公民免费获得基本公共卫生服务提供了法律保障。第十五条第二款规定，基本公共卫生服务由国家向公民免费提供。这一条款有助于强化政府的经费保障

① 国家卫生健康委员会．对十三届全国人大二次会议第6913号建议的答复［EB/OL］．（2020－07－13）［2020－09－07］．http：//www.nhc.gov.cn/wjw/jiany/202007/be50a01f863449d186f2e9b33ecb5ba4.shtml.

责任，确保基本公共卫生服务公平可及。此外，考虑到预防接种的重要性，该法第二十一条规定由政府免费向居民提供免疫规划疫苗。该法还在第七章“资金保障”中对政府的经费保障责任作出了一般性规定：各级人民政府应当切实履行发展医疗卫生与健康事业的职责，建立与经济社会发展、财政状况和健康指标相适应的医疗卫生与健康事业投入机制，将医疗卫生与健康促进经费纳入本级政府预算，按照规定主要用于保障基本医疗服务、公共卫生服务、基本医疗保障和政府举办的医疗卫生机构建设和运行发展（第八十条）。

## 三、基本医疗服务

### （一）基本医疗服务的内容

与基本公共卫生服务不同的是，基本医疗卫生与健康促进法并没有直接规定基本医疗服务的内容，也未明确哪些国家主管部门有权确定基本医疗服务的范围和内容。事实上，《中华人民共和国基本医疗卫生与健康促进法（草案）》曾规定，基本医疗服务范围、内容由国务院卫生主管部门会同有关部门共同确定。《中华人民共和国基本医疗卫生与健康促进法（草案）（二次审议稿）》还专设了基本医疗服务一节，并规定基本医疗服务的具体范围由国务院医疗保障主管部门会同卫生健康、中医药、药品、财政等主管部门共同确定。但这一规定最后未被纳入基本医疗卫生与健康促进法。全国人大常委会法制工作委员会副主任许安标对此的解释是，相关部门对基本医疗服务涉及的一些重要问题还有不同认识，如基本医疗服务范围是否等同于基本医疗保险基金支付范围，到底是由卫生健康部门还是医疗保障部门为主制定等[①]。因此，基本医疗卫生与健康促进法未明确基本医疗服务的范围。

值得一提的是，基本医疗卫生与健康促进法在第八十二条中规定了基本医疗服务费用主要由基本医疗保险基金和个人支付。基本医疗服务的范围和基本医疗保险基金的支付范围是密切联系在一起的；第八十五条规定，基本医疗保险基金支付范围由国务院医疗保障主管部门组织制定，并应当听取国务院卫生健康主管部门、中医药主管部门、药品监督管理部门、财政部门等的意见。省、自治区、直辖市人民政府可以按照国家有关规定，补充确定本行政区域基本医疗保险基金支付的具体项目和标准，并报国务院医疗保障主管部门备案。

### （二）基本医疗服务的提供

基本医疗卫生与健康促进法第二十九条规定，基本医疗服务主要由政府举办的医疗卫生机构提供，鼓励社会力量举办的医疗卫生机构提供基本医疗服务。第三十五条对医疗卫生机构进行了分类管理，并明确基层医疗卫生机构主要提供预防、保健、健康教育、疾病管理，为居民建立健康档案，常见病、多发病的诊疗以及部分疾病的康复、护理，接收医院转诊患者，向医院转诊超出自身服务能力的患者等基本医疗卫生服务。医院主要提供疾病诊治，特别是急危重症和疑难病症的诊疗，突发事件医疗处置和救援以及健康教育等医疗卫生服务，并开展医学教育、医疗卫生人员培

---

① 许安标．加强公共卫生体系建设的重要法治保障——《基本医疗卫生与健康促进法》最新解读［J］．中国法律评论，2020（3）：175－176.

训、医学科学研究和对基层医疗卫生机构的业务指导等工作。

为了确保基本医疗卫生服务的公平可及，该法第三十七条规定了县级以上人民政府制定并落实医疗卫生服务体系规划的责任，要求政府科学配置医疗卫生资源，举办医疗卫生机构，为公民获得基本医疗卫生服务提供保障。政府举办医疗卫生机构，应当考虑本行政区域人口、经济社会发展状况、医疗卫生资源、健康危险因素、发病率、患病率以及紧急救治需求等情况。第三十九条第二款强调，医疗卫生服务体系坚持以非营利性医疗卫生机构为主体、营利性医疗卫生机构为补充，政府举办非营利性医疗卫生机构，在基本医疗卫生事业中发挥主导作用，保障基本医疗卫生服务公平可及。

### （三）基本医疗服务的经费保障

如前所述，基本医疗卫生与健康促进法第八十条规定了政府预算保障的四类事务，其中就包括基本医疗服务。此外，该法第八十二条明确，“基本医疗服务费用主要由基本医疗保险基金和个人支付”。也就是说，基本医疗服务不是由国家完全免费提供。但基本医疗卫生与健康促进法同时明确，国家有责任确保基本医疗保险的可持续筹资，并提升保障水平，以及为困难群众获得基本医疗服务提供医疗救助。具体来说，第八十二条规定“国家依法多渠道筹集基本医疗保险基金，逐步完善基本医疗保险可持续筹资和保障水平调整机制”；第八十三条规定，“国家建立以基本医疗保险为主体，商业健康保险、医疗救助、职工互助医疗和医疗慈善服务等为补充的、多层次的医疗保障体系”“国家鼓励发展商业健康保险，满足人民群众多样化健康保障需求”“国家完善医疗救助制度，保障符合条件的困难群众获得基本医疗服务”。

第 6 篇

# 构建健康促进制度体系，推动把健康融入所有政策

■王秀峰

随着工业化、城镇化、人口老龄化以及疾病谱、生态环境、生活方式不断变化，居民健康面临着多重疾病负担并存、多种健康因素交织的复杂局面，个人生活行为方式和社会、自然环境因素对健康的影响越来越突出，单靠卫生健康系统和医疗卫生机构已经难以有效地应对健康挑战，健康促进的理念和策略应运而生。1986 年，世界卫生组织召开第一届全球健康促进大会，发布了《渥太华宪章》，提出“健康促进是促使人们提高和改善自身健康的过程”，明确了健康促进的五大行动领域（或五大策略），即制定健康的公共政策、创造健康支持性环境、强化社区行动、发展个人技能、调整卫生服务方向[①]。从 1986 年《渥太华宪章》发布至今，世界卫生组织已经组织召开了 9 届全球健康促进大会，不断丰富和深化健康促进的内涵和要求。总体上看，健康促进是适

① 张勇，姜庆五，杨功焕，等．发展慢性病防控政策 打造健康中国［J］．中国慢性病预防与控制，2016，24（8）：561.

应疾病谱转变、统筹应对复杂健康因素和多重疾病负担挑战的重要策略。健康促进不仅要提升居民的健康知识与技能，而且要求在“国家层面”系统制定促进健康的公共政策，增加对健康的投资，强化社区的参与行为，创造一个健康的支持性环境[①]。健康中国行动相关文件明确了我国健康促进的中长期行动纲领。借鉴国际经验，基本医疗卫生与健康促进法将“健康促进”与“基本医疗卫生”并列，作为我国健康促进领域的第一部基础性、综合性法律，不仅设置了“健康促进”专章，而且围绕健康促进五大策略，通过立法构建起健康促进的制度体系，为实施健康中国战略、推动健康中国行动相关任务落实提供了坚实的法治支撑。

## 一、完善健康促进制度是全球发展议程和国际发展趋势要求

### （一）强化健康促进是全球可持续发展议程的要求

1977 年，第 30 届世界卫生大会提出了“2000 年人人享有卫生保健”的目标。为了实现这一目标，1978 年世界卫生组织发布《阿拉木图宣言》，提出健康是基本人权，初级卫生保健是实现“人人享有卫生保健”的关键策略和基本途径，并要求所有国家都要制定相应的国家战略和计划[②]。20 世纪 80 年代以来，为了实现“人人享有卫生保健”的目标，世界卫生组织召开了多次国际

① 王小万，代涛，朱坤．“健康国家”战略发展的过程与国际经验［J］．医学与哲学（人文社会医学版），2008，29（11）：1.

② 郭岩，孙思伟．重振初级卫生保健以实现全民健康覆盖和可持续发展目标——从《阿拉木图宣言》到《阿斯塔纳宣言》看初级卫生保健理念的进步［J］．中国农村卫生事业管理，2019，39（1）：7－11.

会议，将健康促进作为实现人人享有初级卫生保健的关键。世界卫生组织在其《2000 年人人健康全球策略》一书中指出，“整个国家，而不是单单卫生部门承担政治义务，是实现人人健康所必不可少的”。2016 年第九届全球健康促进大会的主题就是“可持续发展中的健康促进”，会议发布的《上海宣言》强调“健康作为一项普遍权利，是日常生活的基本资源，是所有国家共享的社会目标和政治优先策略”，认为“健康和福祉对可持续发展是不可或缺的”，正式提出“健康和福祉在联合国 2030 年发展议程及其可持续发展目标中的核心位置”，在确认《渥太华宪章》以来健康促进策略“持久重要”的基础上，认为“只有在实现所有可持续发展目标的过程中开展健康促进，让全社会参与健康发展的进程，才能实现所有年龄段人群的健康生活，增加健康福祉”。2018 年 10 月 25 日，在《阿拉木图宣言》发布 40 年后的全球初级卫生保健大会上，与会各国政府协商一致通过了《阿斯塔纳宣言》，认为初级卫生保健是实现可持续发展目标和全民健康覆盖的基石，在四个关键领域作出了承诺——在所有部门为增进健康作出大胆的政治选择、建立可持续的初级卫生保健服务、增强个人和社区权能、使利益攸关方的支持与国家政策战略和计划保持一致①，提出了各国政府要加强的行动——加强多部门合作、将健康融入所有政策，赋予民众和社区权利，以基本公共卫生职能和初级保健为中心的综合

① 孙维哲，梁晓峰．初级卫生保健发展回顾与疾控作用的思考［J］．中国公共卫生，2019，35（7）：799.

的卫生服务，强调在整个生命周期所有人都必须能够获得预防、促进、治疗和康复服务以及姑息治疗，对强化健康促进提出更高要求①。

### （二）完善健康促进制度是国际社会普遍做法

从国际上看，许多国家将制定实施国民健康促进计划作为提高国民健康水平的有效途径，将健康促进立法作为保障健康计划有效实施的基础。

美国国会1974年通过了《国家健康教育规划和资源发展法案》，以法律形式明确将健康教育确定为国家优先卫生项目之一②。1979年，美国公共卫生署发表了《国民健康：关于疾病预防和健康促进的报告》，宣告开始“美国史上的第二次公共卫生革命”。该报告指出，通过加强疾病预防和健康促进，能够有效增进美国人民的健康，标志着美国健康促进行动的启动。以此报告为指南，以上述《国家健康教育规划和资源发展法案》为基础，美国卫生与公众服务部至今已连续制定实施了四个健康中长期规划（“国民健康1990”“国民健康2000”“国民健康2010”“国民健康2020”）。2003年初，美国政府又制订了《健康促进研究与推广法案（草案）》，在全国范围内起到明确目标、统一认识、把握方向的作用，以保证健康促进政策的连续性和指导性，

---

① 郭岩，孙思伟．重振初级卫生保健以实现全民健康覆盖和可持续发展目标——从《阿拉木图宣言》到《阿斯塔纳宣言》看初级卫生保健理念的进步［J］．中国农村卫生事业管理，2019，39（1）：9.

② 王昊，张毓辉，王秀峰．健康战略实施机制与监测评价国际经验研究［J］．卫生经济研究，2018（6）：39.

并作为各州及地方健康促进具体法规、措施出台、协调运作的基础①。“国民健康2010”（Healthy People 2010）提出了“促进健康的系统方法”，突出生物学因素、行为、社会环境、自然环境、卫生服务、政策与措施等广泛的健康社会决定因素及其相互作用，强调促进个人健康、社区健康和国家健康；“国民健康2020”（Healthy People 2020）继续突出了环境、行为等健康的社会决定因素，提出了“构建一个所有人都能健康长寿的社会”的规划远景，确立了四项总体目标——避免遭受可预防的疾病、残疾、伤害和早死，使每个人享有高质量、长寿的生命；实现健康公平、消除差异、促进各人群的健康；创造能够改善全体公民健康的社会和自然环境；提高各年龄阶段生活质量，促进健康发展和健康行为。

面对老龄化和少子化，以及慢性病高发、国民患病率上升等挑战，从1978年起，日本开始实施第一次增进国民健康十年计划（1978—1988年），提出了“健康一生”的理念，将营养、运动、休息作为三大支柱，以营养改善和合理膳食为重点，突出疾病的早期发现和早期治疗。从1988年开始，日本继续实施第二次增进国民健康运动（又称“实行积极的人生80年计划”），以培养国民运动习惯、促进身体活动为重点，建立完善了从婴幼儿到老人的健康检查制度，取得了较好的效果。之后日本继续实施第三次国民健康运动（2000—2010年），即“健康日本21”计划，将个人的力量与社会的力量结合起来，推动个人生活习惯和行为方式

① 王昊，张毓辉，王秀峰．健康战略实施机制与监测评价国际经验研究［J］．卫生经济研究，2018（6）：39.

的改变，降低慢性病的发病率和死亡率，减少早死，提高生命质量，延长健康寿命。2000 年 3 月，日本厚生省发出了《关于推进 21 世纪增进国民健康运动的通知》[①]。2002 年 8 月，日本国会颁布了《增进健康法》，明确了增进健康的战略地位和重点行动领域，详细说明了国家、地方、企业、个人等在健康增进方面的职责与义务，并针对"健康日本 21"所确定的营养与膳食、运动、饮酒、烟草等重点领域和老年人等重点人群，通过立法建立起健康检查和保健指导制度、加工食品和在外饮食（食堂、饭店）食品的营养成分表示制度等制度，有效地保障了"健康日本 21"的有效实施。2005 年，日本又颁布实施了《食育基本法》，作为以"确保全体国民身心健康、活力一生"为主要目的的国家法律，将"饮食教育"写入法律[②]。

因此，以立法完善健康促进制度体系，既是履行 2030 年可持续发展议程目标等有关国际承诺、实现全民健康覆盖和可持续发展目标的要求，也是更好维护和促进人民健康、提升我国国际竞争力的重大举措。

## 二、立法保障把健康融入所有政策方针落实

### （一）从法律层面强化全方位控制健康影响因素的制度性安排

根据世界卫生组织研究，在影响健康的因素中，人的行为与

① 余建华．试析日本新世纪增进国民健康运动的背景及目标［J］．武汉体育学院学报，2004，38（5）：33.

② 王昊，张毓辉，王秀峰．健康战略实施机制与监测评价国际经验研究［J］．卫生经济研究，2018（6）：39.

生活方式（占60%）、环境因素（占17%）所占比重较高①。从行为与生活方式影响因素看，居民健康知识知晓率低，不合理膳食、缺乏锻炼、吸烟、过量饮酒等不健康生活方式比较普遍，不良生活方式引起的疾病日益突出。从环境影响因素看，空气污染，交通事故，饮用水质量，噪声、辐射和电磁波危害，意外伤害等直接引发各种健康问题，生产事故和食品安全事故屡有发生。因此，国际社会一直非常重视健康的社会决定因素，《渥太华宪章》将“制定健康的公共政策”“营造支持性环境”作为健康促进的重要策略。世界卫生组织在2005年成立了“健康社会决定因素委员会”，2008年该委员会发布报告《用一代人时间弥合差距：针对健康社会决定因素采取行动以实现健康公平》，推动对影响健康的社会因素进行研究并提出相应对策②。2016年，《上海宣言》重申“良好治理对健康至关重要”“投资健康决定因素必将获得巨大收益”，并要求各国政府在“充分应用可获得的有效机制保护健康，通过公共政策提高福祉”等方面作出承诺。

为统筹应对社会转型和疾病谱转变过程中日益复杂的健康影响因素，《“健康中国2030”规划纲要》和健康中国行动相关文件坚持大健康、大卫生理念，针对个人生活与行为方式、生产与生活环境等健康影响因素，确定了一批重点领域和重大行动，加强行为和环境危险因素控制。基本医疗卫生与健康促进法进一步将

---

① 王陇德．中国慢性病防控策略和体系建设探索［J］．中国工程科学，2014，16（10）：24.

② 石光，韦潇，汝丽霞．卫生政策的优先重点：健康和健康不公平的社会决定因素［J］．卫生经济研究，2012（5）：36.

健康影响因素控制上升为法律要求。第七十一条明确“国家建立疾病和健康危险因素监测、调查和风险评估制度”，要求“县级以上人民政府及其有关部门针对影响健康的主要问题，组织开展健康危险因素研究，制定综合防治措施”；第七十二条突出强调“国家大力开展爱国卫生运动”“依靠和动员群众控制和消除健康危险因素”。一是影响健康的环境问题预防与治理有关制度。第七十一条第二款要求“组织开展环境质量对健康影响的研究，采取措施预防和控制与环境问题有关的疾病”；第七十三条进一步针对食品、饮用水安全提出“国家建立科学、严格的食品、饮用水安全监督管理制度”。二是影响健康的生活行为方式控制有关制度。针对“合理膳食、适量运动、戒烟限酒、心理平衡”健康生活四大基石，基本医疗卫生与健康促进法分别明确了具体要求，例如：第七十四条明确“国家建立营养状况监测制度”，要求“实施经济欠发达地区、重点人群营养干预计划，开展未成年人和老年人营养改善行动，倡导健康饮食习惯”；第七十五条明确“国家发展全民健身事业，完善覆盖城乡的全民健身公共服务体系”，并“加强全民健身指导服务，普及科学健身知识和方法”；第七十八条明确“公共场所控制吸烟，强化监督执法”，要求“禁止向未成年人出售烟酒”；第二十八条明确“国家发展精神卫生事业”“促进心理健康教育、心理评估、心理咨询与心理治疗服务的有效衔接，设立为公众提供公益服务的心理援助热线”，维护和增进公民心理健康。

### （二）确立健康融入所有政策方针的法律地位

“将健康融入所有政策”（Health in All Policies，HiAP）是一

种以改善人群健康和健康公平为目标的跨部门公共政策制定方法，旨在寻求部门协作，促进各相关部门在实现政策目标过程中增加健康价值理念，制度化地将维护和促进健康的理念融入各部门公共政策制定实施的全过程，从而避免对健康造成不利影响[①]。20 世纪 70 年代初，芬兰为了应对心血管疾病等慢性疾病高发的严重影响，通过法律手段推行了全国性的健康促进项目，如食品生产法规要求牛奶脂肪含量不能超过 1%，商标法规要求标明食品的盐含量，价格法规要求给予低脂奶制品价格补贴、取消面包业的黄油财政补贴，大幅提高对烟酒贸易的税收，将这些补贴转移到促进国内浆果和蔬菜生产上，取得了较好的效果。1972 年，即芬兰开展 HiAP 活动初始，其人均预期寿命略低于美国，但在实施后其人均预期寿命与美国的差距不断缩小，1994 年及以后其人均预期寿命绝对值及增长速度均始终高于美国。2006 年在担任欧盟轮值主席国期间，芬兰提出并发展了“将健康融入所有政策”的理念，将其作为轮值主席国期间的主要公共卫生议题[②]。2013 年 6 月，第八届全球健康促进大会审议通过了《赫尔辛基宣言》和《实施“将健康融入所有政策”的国家行动框架》，呼吁各国重视健康的社会决定因素，明确了实施“将健康融入所有政策”策略的具体要求。

2016 年，全国卫生与健康大会召开，从健康影响因素的广泛

---

① 王秀峰．健康中国战略的地位、作用与基本要求［J］．卫生经济研究，2019，36（4）：6.

② PUSKA P. Health in all policies［J］. European Journal of Public Health，2007，17（4）：328.

性、社会性、整体性出发，正式把“将健康融入所有政策”确立为新时期卫生与健康工作方针。基本医疗卫生与健康促进法第六条明确“各级人民政府应当把人民健康放在优先发展的战略地位，将健康理念融入各项政策，坚持预防为主，完善健康促进工作体系，组织实施健康促进的规划和行动”，进一步将健康入万策上升为法律要求。

### （三）赋予健康影响评估制度法定性和强制性

健康影响评估（Health Impact Assessment，HIA）是实施将健康融入所有政策的重要工具。根据世界卫生组织定义，健康影响评估是“对不同部门政策、规划和项目对人群健康可能产生的影响进行综合评估的一系列程序、方法和工具”。健康影响评估制度是健康影响评估的制度化，是指对政策、规划和项目等对人群健康可能产生的影响进行调查、分析、预测和评估，提出预防或减轻不良健康影响的意见建议和对策措施，并进行跟踪监测的一套制度安排，其实质是制度化地将对健康的考虑纳入各部门公共政策制定和实施的全过程①，从源头上消除影响健康的各种隐患，是许多国家实施将健康融入所有政策和推进健康城市建设的重要工具。

健康影响评估最初是作为环境影响评估的一部分。随着公众对健康问题的日益关注，健康影响评估在环境影响评估中的地位日益突出，20 世纪 80 年代，世界各国和主要国际组织发布的各

① 王秀峰．健康中国战略的地位、作用与基本要求［J］．卫生经济研究，2019，36（4）：6.

种环境影响评估指南中都提出要对建设项目、规划和政策进行健康影响评估，“健康影响评估运动”在北美和一些欧洲国家陆续展开，一些地区开始在环境影响评估的基础上实施独立的健康影响评估。1990 年，英国海外发展署制订了《利物浦健康影响评估计划》，将健康影响评估作为利物浦健康城市建设的重要保障。1993 年，加拿大哥伦比亚省要求其内阁向政府提交的所有议案必须附有《健康影响评估报告》[①]。1999 年，世界卫生组织欧洲办公室发布了《哥德堡健康影响评估共识》，提出了健康影响评估的核心价值、主要程序和基本方法。随着人们对健康问题的日益重视，健康影响评估在世界范围内蓬勃发展，越来越多的国家和地区将健康影响评估作为一种为公共政策决策者提供决策依据的机制和工具，广泛应用于规划、政策、项目和工程四个方面。从国际经验看，许多国家注重通过立法赋予健康影响评估以法定性和强制性。例如，2007 年，《泰国宪法 B. E. 2550（2007）》第 67 条提出“任何个人或团体都有权利要求评价和参与公共政策的健康影响，任何个人或团体都有权从政府部门获取相关信息”“任何可能产生有害影响的项目和活动在实施前都要开展其对环境和人体健康的影响评估”，并进一步出台了《国家健康法案 B. E. 2550（2007）》，建立了由总理任主席、卫生部长任副主席的国家健康委员会（National Health Commission，NHC）负责全国健康影响评估工作。2011 年，西班牙议会通过《西班牙公共卫生

① 王荣荣，王秀峰，张毓辉，等．健康影响评估制度建设的国际经验及启示［J］．卫生软科学，2018，32（4）：30.

法》(*Spanish General Public Health Act*),提出“各政府部门必须对可能产生重大健康影响的法规、政策、规划、项目和工程进行健康影响评估”①。

从国内看,我国健康影响评估目前还处于起步阶段。2011 年,北京市发布《健康北京“十二五”发展建设规划》,提出“在城市规划、产业结构调整、公共设施建设等方面坚持健康优先的原则,建立健康风险评估机制”“在地方立法、重大公共政策制定过程中科学分析对公众健康造成的潜在影响,积极采取措施将影响控制到最低限度”,是国内首个提出要建立健康评估制度的城市。2013 年,中国疾病预防控制中心开始在全国 PM2. 5 污染最严重的 10 个城市开展健康评价研究。2015 年,甘肃省人民政府发布《关于健康促进模式改革的指导意见》,全省 14 个市州中有 7 个市出台《在公共政策中体现健康导向的指导意见》,《关于健康促进模式改革的指导意见》要求,“重大工程、重要建设项目的环境影响评价,应充分考虑对公众健康的影响。各级政府法制机构在对规章、规范性文件和重大行政决策进行合法性审查时,应当会同卫生计生部门,对涉及影响公众健康的内容进行审核;在对规章、规范性文件进行备案审查时,应当将有关影响公众健康的内容纳入重点审查范围;对存在危害公众健康内容的,应当及时予以纠正。在各项政策效果评价中,要增加健康评价的内容,并逐步建立审查制度,开展试点,稳步推开”。上述实践为建立

---

① 王荣荣,王秀峰,张毓辉,等. 健康影响评估制度建设的国际经验及启示[J]. 卫生软科学,2018,32(4):31.

我国独立的健康影响评估制度奠定了基础。2016 年，《“健康中国 2030”规划纲要》明确提出要“全面建立健康影响评价评估制度，系统评估各项经济社会发展规划和政策、重大工程项目对健康的影响”。2017 年，《“十三五”全国健康促进与教育工作规划》提出了“到‘十三五’末期实现健康影响评价评估制度以省为单位全覆盖”的目标，并指导地方结合健康促进县（区）建设等在落实“将健康融入所有政策”方面开展了许多探索性工作，试点县（区）党委政府积极落实健康促进经费保障，探索建立公共政策健康评价制度，梳理修订与健康有关的公共政策，针对新制定政策开展公共政策健康评价。在总结国内外经验的基础上，基本医疗卫生与健康促进法第六条明确“建立健康影响评估制度”，以法律形式赋予其合法性，为全面建立健康影响评估制度奠定了坚实基础。

## 三、建立国家健康教育制度、促进个人健康技能提升

### （一）将健康教育作为一项法律制度安排

提升个人技能是健康促进的重要策略。国家卫生计生委办公厅印发的《中国公民健康素养——基本知识与技能（2015 年版)》指出，健康素养是个人获取和理解基本健康信息和服务，并运用这些信息和服务作出正确决策，以维护和促进自身健康的能力。提升健康素养是提高全民健康水平最根本、最经济、最有效的措施之一。当前，我国居民健康素养总体水平不高，2019 年居民健康素养水平只有 19.17%，城乡居民关于疾病预防、早期发现、紧急救援、及时就医、合理用药、应急避险等维护健康的

知识和技能比较缺乏，不健康生活方式比较普遍。健康教育是提升居民健康素养的前提，也是健康促进的核心所在。1997 年，《中共中央 国务院关于卫生改革与发展的决定》明确“健康教育是公民素质教育的重要内容”。健康教育是以健康为中心的全民性教育。建立有效的健康教育制度体系，指导帮助个人形成健康的生活方式、控制复杂的健康影响因素，是从源头上强化预防为主、提高健康水平的基础和前提。《“健康中国 2030”规划纲要》将居民健康素养水平列为健康中国建设 13 项主要指标之一，将“普及健康生活”作为五大战略任务之首，健康中国行动不仅将“健康知识普及行动”作为 15 大行动之首，更将其贯穿于其他 14 个行动之中。每个行动都明确给出了居民应当掌握的核心健康知识与信息，凸显了对加强健康教育、提升个人健康素养和技能的重视。基本医疗卫生与健康促进法第四条明确“国家建立健康教育制度，保障公民获得健康教育的权利，提高公民的健康素养”，明确把健康教育作为公民法定权利，确立了健康教育制度的法律地位。

### （二）完善健康知识和技能核心信息发布制度

当前，健康知识和信息的内容、形式、平台渠道日益多元化和复杂化，专业化健康教育机构和人才缺乏，健康知识和信息质量水平参差不齐，经常有虚假健康信息、健康相关谣言出现，健康教育与诊疗服务分离，成为制约群众健康知识有效获取的瓶颈。为此，《国务院关于实施健康中国行动的意见》提出要“构建健康科普知识发布和传播机制”“强化医疗卫生机构和医务人员开展健康促进与教育的激励约束”机制，并将上述“两机制”纳入

《健康中国行动考核指标框架》。在上述政策要求基础上，基本医疗卫生与健康促进法第六十七条明确“各级人民政府应当加强健康教育工作及其专业人才培养，建立健康知识和技能核心信息发布制度，普及健康科学知识，向公众提供科学、准确的健康信息”，把“机制”提升为“制度”，把健康中国行动有关任务上升为法律强制性要求，为加强对健康信息的指导、审核和监管提供了法律依据。同时，基本医疗卫生与健康促进法还明确了医疗卫生机构和医务人员、媒体等在健康知识发布和传播中的责任与义务。第三十五条将健康教育明确作为基层医疗卫生机构、医院和专业公共卫生机构的一项职能；第六十七条进一步明确“医疗卫生人员在提供医疗卫生服务时，应当对患者开展健康教育”。这就将健康教育作为医疗卫生人员服务的必备内容，成为对医疗机构和医务人员的法定要求，为建立鼓励医疗卫生机构和医务人员开展健康教育的激励约束机制、推动健康教育融入临床诊疗全过程提供了法律依据。

### （三）明确了健康教育在国民教育体系中的地位

人在生命早期所形成的健康知识与技能水平、生活行为方式将影响到终生的健康。因此，健康教育一定要从小抓起、从早抓起。我国国民健康教育严重滞后，健康教育师资缺乏，课程内容和形式不适应学生需求，课时难以保障，效果难以保证。《“健康中国2030”规划纲要》专门提出要加大学校健康教育力度，将健康教育纳入国民教育体系，把健康教育作为所有教育阶段素质教育的重要内容，但具体落实缺乏有效抓手。《国务院关于实施健康中国行动的意见》进一步提出要“中小学校按规定开齐开足体育与健康课程”，并要求“把学生体质健康状况纳入对学校的绩效考核，结合学生年龄特点，以多种方式对学生健康知识进行考试考查”。在此基础上，基本医疗卫生与健康促进法第六十八条明确“国家将健康教育纳入国民教育体系”，以法律形式要求学校按规定开设体育与健康课程，利用多种形式实施健康教育，并按规定配备校医、建立和完善卫生室（保健室）。此外，针对当前学生近视、肥胖等突出的健康问题，要求学校组织学生开展广播体操、眼保健操等活动，并要求“县级以上人民政府教育主管部门应当按照规定将学生体质健康水平纳入学校考核体系”。上述规定，为健康中国行动相关任务的落实和指标的实现提供了有力的法律支撑，为维护和促进学生健康奠定了法律基础。

## 四、将社会动员和健康场所建设纳入法制轨道

### （一）突出依靠和动员群众

中华人民共和国成立后，我国确立了“面向工农兵，预防为主，团结中西医，卫生工作与群众运动相结合”的卫生工作方针，从解决影响健康的社会决定因素入手，开展群众性爱国卫生运动，加强社会综合治理，成功应对了传染病的挑战，迅速改善了人民健康水平。2016 年确立的新时期卫生健康工作方针将“人民共建共享”作为一项重要内容，《“健康中国 2030”规划纲要》将“共建共享”确立为实施路径，健康中国行动进一步明确了个人和社会的行动目标、行动任务，推动形成政府、社会、个人多方共治的格局。地方也涌现出一批各具特色的典型模式，充分调动了个人的主动性。例如，甘肃省利用计划生育队伍完善基层健

康服务体系，对计生专干进行农村20种慢性病管理知识轮训，全省1.88万村级计生专干、1.66万乡级专干逐步融入基层健康管理服务队伍[①]；江苏、重庆、河北石家庄等地依托退休教师、退休医务人员、计生专干等大力培养城乡健康指导员，其中重庆市将健康指导员作为社区工作者纳入社区居民会常规管理，将健康指导员干预纳入对疾控中心的目标考核；上海市在全市所有社区规模化推广群众参与并自治的“健康自管小组”，激励居民主动做好自我健康管理[②]。基本医疗卫生与健康促进法第六十七条明确了基层群众性自治组织和社会组织“应当开展健康知识的宣传和普及”；第七十二条明确“国家大力开展爱国卫生运动，鼓励和支持开展爱国卫生月等群众性卫生与健康活动，依靠和动员群众控制和消除健康危险因素，改善环境卫生状况”，为创新社会动员方式、更好调动群众参与健康中国建设提供了法律保障。

### （二）将健康场所建设写入法律

城市和社区是实现健康的关键场所，推进健康场所特别是健康城市、健康社区建设是健康促进重要的平台和抓手，也是实现环境与人的健康协调发展的关键。近年来，国家组织开展健康促进县（区）试点，大力开展健康促进学校、机关、医院、企业、家庭等健康促进场所建设，打造有利于健康的工作、学习和生活

---

① 刘喜梅．甘肃省卫计委主任刘维忠谈医改：“健康促进模式”在甘肃［EB/OL］．(2016－04－20)［2020－09－09］．http：//www. rmzxb. com. cn/c/2016－04－20/774443. shtml.

② “健康掌握在自己手中”申城实现市民健康自我管理全覆盖［EB/OL］．(2016－11－27)［2020－09－09］．http：//www. shanghai. gov. cn/nw2/nw2314/nw2315/nw5827/u21aw1177917. html.

环境，建立健康促进工作长效机制。此外，我国从2007年开始，在卫生城镇创建工作的基础上，借鉴世界卫生组织经验，试点探索健康城市建设工作。各地按照《“健康中国2030”规划纲要》“把健康城市和健康村镇建设作为推进健康中国建设的重要抓手”有关要求，充分发挥爱国卫生工作有机构、有体系的组织优势，从营造健康环境、构建健康社会、优化健康服务、培育健康人群、发展健康文化五个方面，积极推进健康城市、健康村镇建设，把健康融入城乡规划、建设、治理的全过程，实施健康社区、健康企业、健康学校等“健康细胞”工程建设，提高社会参与度，夯实健康中国的微观基础，把健康中国建设各项任务在基层落地。在总结实践进展的基础上，基本医疗卫生与健康促进法第七十二条提出“建设健康城市、健康村镇、健康社区”，正式将健康场所建设纳入了法治化轨道。

## 五、强化重大疾病防控和全生命周期服务

### （一）完善重大疾病防控制度

当前，随着工业化、城镇化、人口老龄化以及疾病谱变化和生态环境、生活行为方式变化，我国慢性非传染性疾病成为居民的主要死亡原因和主要疾病负担。心脑血管疾病、慢性呼吸系统疾病、糖尿病等慢性病导致的死亡占总死亡的88%，导致的疾病负担占总疾病负担的70%以上①，由此造成的失能和半失能问题，

① 国家卫健委：慢性非传染性疾病致死人数占总死亡人数88%［EB/OL］.（2019－07－31）［2020－09－09］. https：//www. sohu. com/a/330578174_ 120044203.

严重影响生存质量，制约健康预期寿命的提高。同时，肝炎、结核、艾滋病等重大传染病防控形势仍然严峻。应对双重疾病负担挑战，基本医疗卫生与健康促进法着力构建重大疾病防控制度体系，强化预防为主、防治结合，实施统筹干预。

一是基本公共卫生服务制度。第十六条规定“国家采取措施，保障公民享有安全有效的基本公共卫生服务，控制影响健康的危险因素”，并明确了国家和省级基本公共卫生服务项目的确定方式。二是传染病防控制度。第二十条明确“国家建立传染病防控制度，制定传染病防治规划并组织实施”，并明确了传染病防控的基本方针——预防为主、防治结合、联防联控、群防群控、源头防控、综合治理，提出了两项直接目标任务——阻断传播途径、保护易感人群，从而实现降低传染病危害的目的。三是预防接种制度。第二十一条明确规定“国家实行预防接种制度，加强免疫规划工作”，并明确居民有依法接种免疫规划疫苗的权利和义务，政府有义务和责任向居民免费提供免疫规划疫苗。四是慢性非传染性疾病防控与管理制度。基本医疗卫生与健康促进法第二十二条明确“国家建立慢性非传染性疾病防控与管理制度”，强调对慢性非传染性疾病及其致病危险因素开展监测、调查和综合防控干预，并突出高危人群的早诊早治和全程管理服务，要求“为患者和高危人群提供诊疗、早期干预、随访管理和健康教育等服务”。

### （二）构建全生命周期健康维护制度

世界卫生组织西太区在 1995 年提出“健康新地平线”卫生战略设想，把人的生命进程分为生命准备、生命保护和晚年的生活质量三个阶段，并根据生命各阶段的健康需要实施健康保护和健康促进①。注重针对不同年龄段的主要健康问题和影响因素，有针对性地确定干预重点和干预策略，也是国际健康促进计划的普遍做法。例如：美国“国民健康 1990”针对各个生命阶段（婴儿期、儿童期、青少年期、成年期、老年期）的主要健康问题分别提出了有针对性的分目标；“健康日本 21”将人生分为 6 个时期（幼年期、少年期、青年期、壮年期、中年期、老年期），根据各个时期易患疾病和致病因素设定了各期优先领域和干预措施，认为人生各阶段紧密相连，只有最大限度地维护好每个阶段的健康，才能实现每个人的终生健康。

立足全人群和全生命周期，针对生命不同阶段的主要健康问题及主要影响因素，靶向干预、精准施策，实现从胎儿到生命终点的全程健康服务和健康保障，是实施健康中国战略的重要部署，也是《“健康中国 2030”规划纲要》和健康中国行动确定的重要任务。基本医疗卫生与健康促进法第七十六条明确“国家制定并实施未成年人、妇女、老年人、残疾人等的健康工作计划，加强重点人群健康服务”，着力构建全生命周期健康维护与促进制度体系。一是突出妇幼和老年健康服务。第二十四条明确“国家发展妇幼保健事业，建立健全妇幼健康服务体系，为妇女、儿童提供保健及常见病防治服务”，强调了妇幼服务“防治结合”（保健与临床相结合）的特点，并突出了“婚前保健、孕产期保健”

① 吕姿之．健康教育与健康促进［M］．北京：北京医科大学、中国协和医科大学联合出版社，1998：115.

“促进生殖健康”“预防出生缺陷”等服务；第二十五条明确“国家发展老年人保健事业”，要求将老年人健康管理和常见疾病预防等纳入基本公共卫生服务项目，并在相应章节突出了完善系统连续的老年健康服务体系与服务模式有关要求。二是强调职业健康保护。针对当前我国职业病防治形势严峻、新的职业健康危害因素不断出现的状况，基本医疗卫生与健康促进法突出保障劳动者的职业健康权利，强调“职业健康”而非传统的“职业病”。第二十三条明确“国家加强职业健康保护”，并要求县级以上人民政府“制定职业病防治规划，建立健全职业健康工作机制，加强职业健康监督管理”，同时突出用人单位主体责任，要求采取综合治理措施改善工作环境和劳动条件；第七十九条要求用人单位“严格执行劳动安全卫生等相关规定，积极组织职工开展健身活动，保护职工健康”，明确“国家鼓励用人单位开展职工健康指导工作”“提倡用人单位为职工定期开展健康检查”。三是关爱残疾人健康。第二十六条设置专门条款，明确“国家发展残疾预防和残疾人康复事业”，并对残疾预防和残疾人康复及其保障体系，特别是对残疾儿童康复等提出了具体要求。

总体上看，基本医疗卫生与健康促进法不仅在名称中突出了“健康促进”，设置了“健康促进”专章，而且构建起覆盖全方位健康影响因素、重大疾病防治健康服务全过程、全生命周期特别是重点人群的健康促进制度体系，为“预防为主”和“将健康融入所有政策”方针的落实提供了法治基础，为《“健康中国2030”规划纲要》和健康中国行动的实施提供了法治保障。

# 第 7 篇

# 公共卫生应急体制

■王晨光

现代社会并非免于风险的“安全”社会，而是一个具有与中世纪社会风险不同性质的风险社会①。城市化、工业化、全球化和科学技术的突飞猛进，造就了日益丰富的物质和社会生活，同时又给人类社会带来了前所未有的风险，“黑天鹅”和“灰犀牛”无处不在，突发事件造成的公共卫生危机，尤其是传染病造成的重大突发公共卫生事件，频频降临人世，给现代社会带来巨大冲击。非典疫情和此次新冠病毒感染肺炎疫情的暴发，就是前所未有的世界范围内的重大突发传染病事件。其传播速度和范围超出了几乎所有人的预料，迫使各国纷纷采取了最严厉的疫情防控措施。

实践证明，“疫情防控不只是医药卫生问题，而是全方位的工作，是总体战”②，其意义早已超出了单纯的医学与技术的范

---

① 贝克．风险社会［M］．何博闻，译．南京：译林出版社，2004：18－19.

② 习近平：在中央政治局常委会会议研究应对新型冠状病毒肺炎疫情工作时的讲话［A/OL］．（2020－02－15）［2020－03－06］．http：//www.gov.cn/xinwen/2020－02/15/content_5479271.htm.

畴，对于推进法治国家建设，确立健康中国战略和全面提升国家治理体系和治理能力现代化，都产生了巨大的影响。为了保证有效地预防和控制公共卫生事件的危害，就必须“坚持依法防控，在法治轨道上统筹推进各项防控工作，全面提高依法防控、依法治理能力，保障疫情防控工作顺利开展，维护社会大局稳定”①。这就需要建立健全公共卫生应急法律机制，以应对公共卫生危机和突发公共卫生事件带来的风险和危害。

有鉴于此，基本医疗卫生与健康促进法明确提出“应当把人民健康放在优先发展的战略地位”；并在此基础上，进一步在第十九条规定“国家建立健全突发事件卫生应急体系”，在第二十条规定“国家建立传染病防控制度”。这种应急体系和防控制度都属于公共卫生法的范畴，是其中重要的组成部分。因此有必要首先了解公共卫生法体系。

## 一、公共卫生法体系

作为卫生健康法体系的一个分支，公共卫生法具有自己的体系。概括而言，公共卫生法调整公共卫生服务和管理机构及人员与社会群体（社区、地区、民族）之间因公众健康保障而形成的法律关系；它维护和保障的是群体健康。由于公共卫生法涵盖的范围广泛，包括如免疫接种、慢病地方病防治、妇幼保健、传染病防治、公共场所控烟、工作场所健康环境建设、青少年健

① 全面提高依法防控依法治理能力 健全国家公共卫生应急管理体系［A/OL］.（2020－02－29）［2020－03－06］. http：//www. qstheory. cn/dukan/qs/2020－02/29/c_1125641632. htm.

康保障、健康档案建设等事项，因此有必要把公共卫生法体系进一步梳理分类，建立体系内的子部门。一般而言，公共卫生法体系可以划分为以下四个子部门，即健康促进法、健康环境法、传染病和突发公共卫生事件防控法、其他疾病防治与保健法（见图 7－1）。

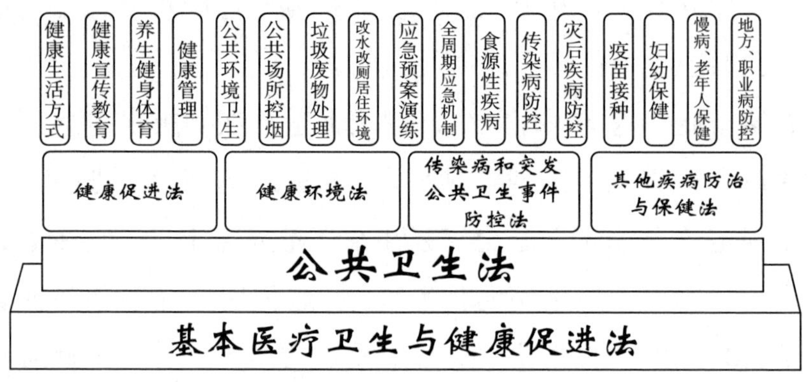


**图 7－1　公共卫生法体系框架**

（1）健康促进法，调整和规范为保持和促进个人健康状况而形成的法律关系；其中既包括政府和有关部门为保障个人健康而提供健康教育、健康管理、健康生活方式引导的相关法律规范，又包括个人对其自身健康所享有的权利和所负有的义务规范。由于个人健康的保持和促进是属于个人管辖范围内的事务，公权力对其只能进行引导，而非强制，所以在这一领域中的法律规范多以选择性为主，主要通过教育、引导和鼓励的方式来实现促进个人健康的目的；因此在这一领域中，基本医疗卫生与健康促进法明确规定“公民是自己健康的第一责任人”，公民应“树立和践行对自己健康负责的健康管理理念”。但在应急状态下，为了公众健康，则可以作出具有一定强制性的规范，例如使用健康码、公共场所戴口罩、居家或隔离治疗等措施。

（2）健康环境法，调整和规范为维护和改善公共环境卫生而形成的法律关系，包括公共环境卫生、公共场所控烟、改善居住环境、垃圾分类、改水改厕等内容。这一领域中的法律规范，既包括大量强制性规范，也包括选择性规范；不论是强制性规范还是选择性规范的制定与实施，都明显地与社会和文明的发展程度以及公民素质水平密切相关，都依赖于一定社会共识的形成。

（3）突发公共卫生事件应对（主要是传染病防治）法，调整和规范为应对各种突发公共卫生事件而形成的法律关系和相应的机制；包括传染病防治、食源性公共卫生事件应对、灾后卫生防疫、应急机制、救治机制、医疗资源储备、经费筹集与支付等方面的内容。

（4）其他疾病防治与保健法，调整和规范特殊人群（如妇幼、老年人、残疾人等）健康保障、职业病防控、疫苗接种等活动而形成的法律关系，包括大量规范政府职责和相关群体健康权利的法律规范。

应当认识到，突发传染病事件防控是一种应急状态下的法律制度和法治状态，它与常态下的法律制度和法治状态密不可分。例如，在应对传染病疫情暴发时，如何在基层预检、定向转诊大量具有传染性的确诊或疑似病人，就与常态下的基层首诊、双向转诊制度密切相连。同时，应当具有全局性视野和系统化思维，把传染病防治法纳入整个公共卫生法的大体系之中进行顶层设计，而非仅仅聚焦在一部单行法律上。不能因为刚刚经历过新冠肺炎疫情防控，就把公共卫生法制，甚至全部卫生法制，都聚焦在一部特别法之上①。

## 二、公共卫生应急法律机制

构成我国传染病应急管理机制的法律主要有三部，即《中华人民共和国突发事件应对法》《中华人民共和国传染病防治法》《中华人民共和国国境卫生检疫法》；两部行政法规，即《突发公共卫生事件应急条例》和《中华人民共和国国境卫生检疫法实施细则》；多部部门规章，包括《中华人民共和国传染病防治法实施办法》《突发公共卫生事件与传染病疫情监测信息报告管理办法》《医疗机构传染病预检分诊管理办法》等，以及国务院《突发事件应急预案管理办法》《突发事件公共卫生风险评估管理办法》、卫生部《全国不明原因肺炎病例监测、排查和管理方案》《法定传染病疫情和突发公共卫生事件信息发布方案》、各级地方政府的突发公共卫生事件应急预案等规范性文件。其中《中华人民共和国传染病防治法》是应对传染病疫情最主要的特别法。这些法律、法规和规范性文件构成了较为完整的应对突发传染病疫情的基本法律框架。

基本医疗卫生与健康促进法在总结上述法律法规的经验和不足的基础上，把公共卫生应急法律机制划分为突发事件卫生应急

① 王晨光．清华思客丨王晨光：学科和部门深度交叉——取得此次疫情防控成效的保障［EB/OL］．（2020－04－29）［2020－05－02］．https：//mp. weixin. qq. com/s/I3JyTLVTOp87m8iaJ_ooAg.

体系和传染病防控制度两类。第十九条规定：“国家建立健全突发事件卫生应急体系，制定和完善应急预案，组织开展突发事件的医疗救治、卫生学调查处置和心理援助等卫生应急工作，有效控制和消除危害。”第二十条规定：“国家建立传染病防控制度，制定传染病防治规划并组织实施，加强传染病监测预警，坚持预防为主、防治结合，联防联控、群防群控、源头防控、综合治理，阻断传播途径，保护易感人群，降低传染病的危害。”这两条规定为公共卫生应急法律机制提供了坚实的法律基础。

首先，这些规定在总结以往公共卫生应急法律相应规定的基础上，制定了公共卫生应急法律机制的基本原则。现行突发事件应对法第五条规定：“突发事件应对工作实行预防为主、预防与应急相结合的原则。”现行《突发公共卫生事件应急条例》第五条规定：“突发事件应急工作，应当遵循预防为主、常备不懈的方针，贯彻统一领导、分级负责、反应及时、措施果断、依靠科学、加强合作的原则。”相比较而言，此次基本医疗卫生与健康促进法规定的应急法律机制的基本原则，更为全面、准确、科学、实用。它不仅坚持了我国长期实行的“预防为主、防治结合”的指导原则，同时又概括出“联防联控、群防群控、源头防控、综合治理”的运行原则，提出“保护易感人群，降低传染病的危害”“有效控制和消除危害”的目标原则。

其次，这些规定在提出原则的基础上，还强调了传染病防控制度中“制定传染病防治规划并组织实施”和“加强传染病监测预警”“联防联控、群防群控”，以及“组织开展医疗救治、卫生学调查处置和心理援助等卫生应急工作”等关键机制的重要性。

这就为公共卫生应急法律机制搭建了清晰的制度框架，为今后健全公共卫生应急法律机制、强化公共卫生法制保障提供了坚实基础。例如，制定相应规划，组织实施演练是保证应急法律机制常备不懈、避免被束之高阁的前提条件；联防联控和群防群控是应急法律机制的运行枢纽和模式，这种运行机制在此次新冠肺炎疫情防控中发挥了巨大的作用；开展卫生学调查处置和心理援助医疗救治，组织和提供“及时、规范、有效的急救服务”（第二十七条），是控制公共卫生危机、降低健康损害、稳定民众情绪的有效机制。在这些机制的基础上，才能够建立健全行之有效的公共卫生应急法律机制。

最后，这些规定还明确规定了其他组织和个人在公共卫生应急状态下的法定义务，即“任何组织和个人应当接受、配合医疗卫生机构为预防、控制、消除传染病危害依法采取的调查、检验、采集样本、隔离治疗、医学观察等措施”。在此次新冠肺炎疫情防控中，正如习近平总书记所说：“各党政军群机关和企事业单位紧急行动、全力奋战，广大医务人员无私奉献、英勇奋战，广大人民群众众志成城、团结奋战，打响了疫情防控的人民战争，打响了疫情防控的总体战，全国形成了全面动员、全面部署、全面加强疫情防控工作的局面。”① 为保证有效控制公共卫生风险，不仅要强调政府的主导作用，也必须广泛发动其他不同组织和人民群众参与，因此有必要规定各种组织和个人参与防控和落实应急

① 习近平：在中央政治局常委会会议研究应对新型冠状病毒肺炎疫情工作时的讲话［A/OL］.（2020－02－15）［2020－03－06］. http：//www. gov. cn/xinwen/2020－02/15/content_5479271. htm.

措施的法定义务。

在基本医疗卫生与健康促进法上述规定的基础上，结合以往公共卫生事件的经验和教训，以强化公共卫生法制保障为目的，应当对现有的单行法律、法规和规章进行系统的梳理，全面修订和完善公共卫生应急法律机制。

## 三、公共卫生应急状态的法律性质

基本医疗卫生与健康促进法沿用我国法律的现行规定，把应对突发事件卫生危机的机制称为“应急体系”，因此相应的处置状态应被称为“应急状态”。应对突发事件的公共卫生风险和传染病疫情而进入的应急状态是一种特殊的法律状态。

现行突发事件应对法第六十九条规定，“发生特别重大突发事件，对人民生命财产安全、国家安全、公共安全、环境安全或者社会秩序构成重大威胁，采取本法和其他有关法律、法规、规章规定的应急处置措施不能消除或者有效控制、减轻其严重社会危害，需要进入紧急状态”。也就是说，凡通过突发事件应对法等法律规定的应急措施可以消除或者有效控制、减轻其社会危害的，就不用宣布进入紧急状态。

紧急状态是《中华人民共和国宪法》第六十七条规定的更高级别的应急状态。该条规定，全国人民代表大会常务委员会行使下列职权：……决定全国或者个别省、自治区、直辖市进入紧急状态……

根据上述宪法和法律规定，应急状态和紧急状态是不同等级和性质的应对危机的特殊状态。紧急状态由最高国家权力机关和最高行政机关宣布，是在人民的基本宪法权利、国家体制以及社会基本秩序遭遇重大威胁，需要采取最高级别控制手段替代常态下的国家运行体制和公民基本权利的特殊非常状态；它属于国家最高权力机构和最高行政机构的专属权力。而应急状态是由国务院和县级以上地方人民政府决定和宣布，采用法律所规定的扩大行政权力并采取行政应急处置措施能够有效控制事态的特殊应对状态；它属于国家行政机关的行政权力。

应急状态下的应急法律机制具有如下特点。

（1）依法用行政应急措施消除和控制突发事件的特殊状态取代常态下的社会运行模式。

（2）应急状态的启动和解除要严格依法进行。

（3）依法成立应急指挥部、联防联控机制或其他形式的防控机构，能够集中行使某些行政权力；如何能够保持和发扬应急状态下治理体系的优势，又能够使地方政府依法承担起应当承担的职责，更主动、大胆、负责地推动各项工作，充分发挥中央和地方的积极性，完善常态下的国家治理体系，提升其治理能力，也是需要进一步思考的问题。

（4）依法采取应急措施，扩大行政权力，同时依法克减公民、法人和社会组织的权利。

（5）应急状态和应急措施的实施必然会遇到个人权益与公共权益之间的冲突，从而必须在各种错综复杂的权益之间进行取舍。

（6）应急状态和应急措施必须以实现及时、有效防控公共卫生风险和危机为目的和边界，不得滥用或过度行使应急权限。

## 四、公共卫生应急法律机制的基本原则

如前所述，基本医疗卫生与健康促进法规定的公共卫生应急法律机制的基本原则包括："预防为主、防治结合"的指导原则，同时又概括出"联防联控、群防群控、源头防控、综合治理"的运行原则，提出"保护易感人群，降低传染病危害""有效控制和消除危害"的目标原则。结合现行其他法律规定的原则，还可以进一步把我国公共卫生法律机制的基本原则归纳为：预防为主、防治结合原则，政府主导原则，社会参与原则，联防联控、群防群控、综合治理原则，尊重和遵循科学规律原则，法治原则，有效控制、消除危害原则。所有这些原则都可以归结为一个最高的原则，即保障人民健康原则。

（1）预防为主、防治结合原则。公共卫生服务在很大程度上是建立在大健康理念上对疾病的预防和控制。大健康理念是对以治病为中心的传统健康理念的更新。简而言之，它不仅关注疾病的治疗，而且更关注疾病的预防与控制。就如同一条河流的治理，如果仅仅关心下游污染的治理，而不在上游和中游预防和控制污染，那么下游的污染就根本不会消失，对河流污染的治理也就事倍功半，永无终日。因此健康服务必须包括全生命周期的健康保障，不仅要关心治病，更要关心防病和日常保健。我国长期以来"上医治未病"的说法就是这种"以健康为中心"理念的最好诠释。因此，"预防为主、防治结合"是公共卫生法当之无愧的基本原则之一。

（2）政府主导原则。公共卫生服务是人人都可享有的公共产品；法律规定"基本公共卫生服务由国家免费提供"，应急状态

下的各种卫生应急服务更是如此。因此从本质属性上讲，公共卫生应急机制的建设、经费的筹集和服务的提供都不可能由市场主体来唱主角，而必须由政府来担纲领衔。从紧急医疗救助、卫生检疫、小区封闭式管理，到联防联控、群防群控、全国一盘棋，都需要政府的引导、组织和提供，而市场和私人机构则不会承担起这些责任。如果政府不承担，公共卫生应急体制和服务就会子虚乌有。在这一点上，不论其社会制度如何，世界各国大同小异。正是基于这一社会现实，各国公共卫生法都把政府的主导责任作为其基本原则。在应对突发公共卫生事件时，政府的职责更是被集中地凸显出来。

（3）社会参与原则。政府的主导并不意味着只能由政府单打独斗，而是必须要发动所有医疗机构、社会组织和个人参与。我国历来有爱国卫生运动的传统，卫生城市、卫生乡镇和卫生社区建设广泛开展，这些都是社会广泛参与的表现。在公共卫生应急状态下，全社会动员、全社会参与的总体战就突出表明了社会参与在公共卫生领域中的重要性。如果没有交通部门、餐饮业、各个单位、社区和广泛志愿者的参与，“封闭式管理”和“严防死守”就不可能真正落实，群防群治的效果也就不可能实现。因此社会参与是公共卫生的基本原则，是最大限度地动员群众参与，形成社会共识的有效途径。

（4）联防联控、群防群控、综合治理原则。公共卫生应急状态是一种危机应对状态，因此需要在一定程度上集中或协调不同政府职能部门的权力，以应对、控制和消除危机。在历次疫情防控过程中，我国充分发挥了社会主义国家的制度优势，中央集中指挥，统一调度，全国一盘棋，全民一条心，联防联控、群防群控；上至党中央和国务院，下至每一个单位、社区和个人，统一行动，严防严控。这种应急机制与传染病学和医学所建议的卫生检疫和隔离措施高度吻合，对于迅速发现传染源和风险原因，切断传染渠道和控制危害十分有效。事实证明，在这一原则指引下形成的应急机制充分体现了我国制度在应对公共卫生危机和突发传染病疫情方面具有明显的制度优势。

（5）尊重和遵循科学规律原则。应对措施不能靠想当然或简单地采取“越严越好”的手段，而应建立在科学规律的基础上。法律规定控制突发公共卫生事件要依靠科学，开展科学研究，进行流行病学调查。因为只有在发现传染源和传染渠道的基础上，才能找出能最有效地阻断疫情蔓延的药物和方法，才能找到医学与法学深层交叉的基础。

例如，此次在新冠肺炎疫情暴发而又缺乏有效药物和治疗手段的情况下，阻断病毒的传播途径是控制疫情最有效的措施。这就需要发现该病毒的宿主和载体等特性，迅速寻找遏制其传播的药物和方法。在不具有人传人可能或具有人传人可能的情况下，是通过人体接触传播还是通过飞沫或空气传播，其阻断方法肯定有所不同。

法律虽然规定了不同的应对措施，但是在应对突发公共卫生事件过程中，必须在确定传染病的性质、传播途径和有效药物的科学基础上，对法律规定的各种手段进行分析和选择。如果忽视了流行病学调查和科学的分析，不建立在科学认知的基础上，法定控制措施就等于无的放矢。打个比喻，法律为我们过河提供了各种不同类型的船只，选择哪条船则要根据河流大小、水流缓急来决定。法律必须与科学密切结合。不分析和了解特定传染病规律就凭空选择和适用法定的控制措施，是不可能取得有效控制疫情的效果的。

同时也必须认识到医学规律与法学规律之间的差异。比如，传染病学对于突发不明传染病判断的基本原则是“疑病从有”，而法学对于违法行为的判断则是“疑罪从无”。这种不同给法律防控措施带来特有的难题。一般而言，法律防控措施应当依据传染病学的基本规律来进行设计，以避免造成传染病传播的后果。

（6）法治原则。在法治轨道上推进疫情防控是我国在此次新冠肺炎疫情中遵循的重要原则。很多公共卫生措施，尤其是突发公共卫生事件时的应急措施，都具有某种强制性。强制性措施是保障公共卫生和防控突发公共卫生事件的必要手段，但强制性措施必须要严格依照法律赋予的权限和法律规定的程序实施，即严格在法律规定的程序和权限框架内决策，而不能随意或任意决策。例如，公民人身自由权、财产权和生命健康权等基本权利只能由全国人大通过的国家法律予以限制，而不能由行政法规等下位法和规章予以限制。各级政府和疫情防控应急指挥部应当明确自己的法定职权，在国家法律规定的框架内依法决策。同时，还应当对强制性措施的性质、强度、对象、持续时间等进行严格界定，而不能随意增强、增加或延长。强制措施必须以能够有效保障公众健康和阻断病毒传播为界限。在此次疫情防控工作中，因为病毒的新异性和不确定性，确实需要地方政府在法律许可的框架内，寻找和采用新的更有效的防控措施，例如，通过各地政府或应急指挥部的命令或决定采取的公共场所戴口罩、小区封闭式管理、外地返回人员自我隔离、健康码等措施都是创新之举。

应急措施都具有一定程度的强制性，对公民、企业和社会组织的权利带来一定程度的限制和损害，因此法治原则中还必须包括比例原则和最小损害原则。

比例原则，要求所采取的措施强度适当，其可获得利益大于可预见损失。最小损害原则，要求选择可能对公民权利造成最少克减或最小损害的强制措施。在可获得的最大利益与可能造成的最小危害之间找到合理的度，是选择公共卫生强制措施必须遵循的黄金律。《中华人民共和国突发事件应对法》明确规定："采取的应对突发事件的措施，应当与突发事件可能造成的社会危害的性质、程度和范围相适应；有多种措施可供选择的，应当选择有利于最大程度地保护公民、法人和其他组织权益的措施。"

（7）保障人民健康原则。这一原则是目的性原则，明确指出了所有应急措施和应急状态都是为了最大程度地保障人民健康。由于公共卫生措施往往会在一定程度上对某些公民权利进行克减，尤其是在应急管理时期，为维护公众健康，需要集中和扩大政府公权力，公民权利会有更多克减。为防止公权力的过度或任意行使，法律对公共卫生措施的实施，特别是对突发公共事件应急措施的实施，进行了严格限定。《中华人民共和国传染病防治法》开宗明义，说明是"为了预防、控制和消除传染病的发生与流行，保障人体健康和公共卫生"，为此而采取的各项措施必须以有效预防、及时控制和消除传染病的危害，保障公众身体健康与生命安全，维护正常的社会秩序为目的。

公众健康高于一切，任何人和机构都不能从个人或小团体利益出发，或掉以轻心，疏于防范，或过激反应，造成不应有的损失。例如，传染病确诊者的居住地和活动范围是个人信息，不得随意公布。但是在疫情暴发时，可以对这些信息进行脱敏化处理，在去掉可能对其造成不应有损害的部分后，在特定范围内公布。这种公布必须是以提醒周边公众，防范健康风险，实现防控疫情为目的。如果不对这些个人信息进行脱敏化处理，或纯粹意气用事，公布个人住址的具体门牌号码，将导致其个人和家庭受到不必要的干扰，也就背离了保障公众健康和防控疫情的目的，成为过度执法。

第 8 篇

# 提出“强基层”的具体措施

■张　怡　宋大平　曹艳林

基层医疗卫生机构是我国医疗卫生服务体系的基础，承担着提供基本公共卫生服务和基本医疗服务的重要任务。2010 年全国深化医药卫生体制改革工作会议强调，“基层医疗卫生机构是基本医疗和公共卫生服务的重要载体，要突出强基层，把更多的财力、物力投向基层，把更多的人才、技术引向基层，切实增强基层的服务能力。要加大城乡基层医疗卫生机构改造和建设力度，加快推进以培养全科医生为重点的基层医疗卫生队伍建设”。

我国自 2009 年开始新一轮深化医药卫生体制改革以来，一直贯彻“强基层”的基本原则。然而，不可忽视的是，我国优质医疗资源总量不足、结构不合理、分布不均衡，特别是县、乡镇和村一级医疗卫生机构和人员还比较缺乏，已成为保障人民健康和深化医改的重要制约。正如全国人大常委会法制工作委员会副主任许安标所说，当前我国医疗卫生体系面临的主要问题已不再是过去整体上“缺医少药”的问题，也不再是简单的“看病难、看病贵”的问题，而是医疗资源和看病就医过多集中于大医院的问题，导致患者就医不便，负担加重[①]。千军万马奔“三甲”的现状从侧面反映出“强基层”措施落实不到位。

“基础不牢，地动山摇”，完善的基层医疗卫生服务体系不建立，就无法破解医改这个世界性难题，真正实现健康中国战略。为了解决基层医疗卫生服务资源和能力不足的问题，此次基本医疗卫生与健康促进法将我国深化医疗卫生体制改革的成功经验和实践上升为法律，以基层为重点规定了一系列重要举措，以推动优质医疗资源下沉，加强基层医疗卫生机构和人才队伍建设，提升基层医疗卫生服务能力，筑牢基本医疗卫生的基层“网底”[②]。

## 一、明确以基层为重点，合理配置医疗资源

健全基层医疗卫生服务体系是我国新医改确立的一项重点改革任务，本次立法对此作出了积极回应。为了解决我国医疗资源配置不均衡的问题，基本医疗卫生与健康促进法在总则中明确规定：“国家合理规划和配置医疗卫生资源，以基层为重点，采取多种措施优先支持县级以下医疗卫生机构发展，提高其医疗卫生服务能力”（第十条）。中共中央、国务院曾在1997年提出“以农村为重点，预防为主，中西医并重，依靠科技与教育，动员全社会参与，为人民健康服务，为社会主义现代化建设服务”的卫生工作方针。2016年8月，习近平总书记在全国卫生与健康大会

① 许安标．加强公共卫生体系建设的重要法治保障——《基本医疗卫生与健康促进法》最新解读［J］．中国法律评论，2020（3）：177.

② 同①174.

上对新时期我国医疗卫生与健康工作作出了重要部署并提出了新的工作方针，“要坚持正确的卫生与健康工作方针，以基层为重点，以改革创新为动力，预防为主，中西医并重，将健康融入所有政策，人民共建共享”。此次立法将“以基层为重点”的医疗卫生与健康工作方针上升为法律，强调规划和资源配置向基层倾斜，体现了重基础、强基层的鲜明导向。

此外，基本医疗卫生与健康促进法第三十四条规定，“国家建立健全由基层医疗卫生机构、医院、专业公共卫生机构等组成的城乡全覆盖、功能互补、连续协同的医疗卫生服务体系”，并强调“国家加强县级医院、乡镇卫生院、村卫生室、社区卫生服务中心（站）和专业公共卫生机构等的建设，建立健全农村医疗卫生服务网络和城市社区卫生服务网络”。这是首次在法律上提出“农村医疗卫生服务网络”和“城市社区卫生服务网络”的概念，为进一步推进和完善基层医疗卫生服务网络提供了清晰的法律基础和指引①。

## 二、推动医疗资源向基层倾斜，助力基层医疗卫生机构发展

基层医疗卫生机构是我国医疗卫生服务体系的重要组成部分，数量多、分布广、最贴近居民，是家庭医生承担居民健康“守门人”职责的主要工作平台，负责提供基本医疗服务和基本公共卫

---

① 王晨光，张怡.《基本医疗卫生与健康促进法》的功能与主要内容［J］. 中国卫生法制，2020，28（2）：5.

生服务。让城乡居民不出社区、不出乡村就能看上病，使基层医疗卫生机构成为群众看病就医的首选之处是我国新医改的主要目标。此次基本医疗卫生与健康促进法充分吸收了分级诊疗、家庭医生签约服务等医改成功实践，并通过将这些“强基层”措施制度化，进一步推动医疗资源下沉，助力基层医疗卫生机构发展。

### （一）建立科学合理的分级诊疗制度

#### 1. 分级诊疗制度框架

如前所述，当前我国医疗卫生服务体系面临的已不再是简单的“缺医少药”或是“看病难、看病贵”的问题，而是医疗资源和患者就医过分集中于城市地区的大型医疗机构的问题。医疗服务体系布局不完善、医疗资源配置不合理导致医疗卫生服务体系整体运行效率低下，患者医疗成本增高。解决该问题的根本办法是合理配置医疗资源，构建分级诊疗制度，推动优质医疗资源下沉。

在此背景下，国务院办公厅在 2015 年 9 月印发了《关于推进分级诊疗制度建设的指导意见》，对分级诊疗制度的建设提出了具体的目标任务，并形成了较为明确和完善的分级诊疗制度框架和顶层设计。该指导意见明确指出，要以强基层为重点完善分级诊疗服务体系。到 2020 年，逐步形成基层首诊、双向转诊、急慢分治、上下联动的分级诊疗模式，基本建立符合国情的分级诊疗制度。具体举措如下。

明确医疗机构功能定位。城市三级医院主要提供急危重症和疑难复杂疾病的诊疗服务；城市三级中医医院提供急危重症和疑难复杂疾病的中医诊疗服务和中医优势病种的中医门诊诊疗服务；

城市二级医院主要接收三级医院转诊的急性病恢复期患者、术后恢复期患者及危重症稳定期患者；县级医院主要提供县域内常见病、多发病的诊疗服务，以及急危重症患者抢救和疑难复杂疾病向上转诊服务；基层医疗卫生机构和康复医院、护理院等为诊断明确、病情稳定的慢性病患者、康复期患者、老年病患者、晚期肿瘤患者等提供治疗、康复、护理服务。

加强基层医疗卫生人才队伍建设。通过基层在岗医师转岗培训、全科医生定向培养、提升基层在岗医师学历层次等方式，多渠道培养全科医生。建立全科医生激励机制，在绩效工资分配、岗位设置、教育培训等方面向全科医生倾斜。加强康复治疗师、护理人员等专业人员的培养，满足人民群众多层次、多样化的健康服务需求。

提高基层医疗卫生服务能力。通过政府举办或购买服务等方式，科学布局基层医疗卫生机构，实现城乡居民全覆盖。通过组建医疗联合体、对口支援、医师多点执业等方式，鼓励城市二级以上医院医师到基层医疗卫生机构多点执业，或者定期出诊、巡诊，提高基层服务能力。

提升县级公立医院综合能力。根据服务人口、疾病谱、诊疗需求等因素，合理确定县级公立医院数量和规模。按照“填平补齐”原则，加强县级公立医院临床专科建设。

整合推进区域医疗资源共享。整合二级以上医院现有的检查检验、消毒供应中心等资源，向基层医疗卫生机构和慢性病医疗机构开放。

加快推进医疗卫生信息化建设。加快全民健康保障信息化工程建设，建立区域性医疗卫生信息平台。发展基于互联网的医疗卫生服务，充分发挥互联网、大数据等信息技术手段在分级诊疗中的作用。

同时，为建立健全分级诊疗保障机制，该指导意见还提出了六项具体措施。(1) 完善医疗资源合理配置机制。强化区域卫生规划和医疗机构设置规划在医疗资源配置方面的引导和约束作用。(2) 建立基层签约服务制度。通过政策引导，推进居民或家庭自愿与家庭医生团队签订服务协议。(3) 推进医保支付制度改革。发挥各类医疗保险对医疗服务供需双方的引导作用和对医疗费用的控制作用。(4) 健全医疗服务价格形成机制。合理制定和调整医疗服务价格，对医疗机构落实功能定位、患者合理选择就医机构形成有效的激励引导。(5) 建立完善利益分配机制。通过改革医保支付方式、加强费用控制等手段，引导二级以上医院向下转诊诊断明确、病情稳定的慢性病患者，主动承担疑难复杂疾病患者诊疗服务。(6) 构建医疗卫生机构分工协作机制。以提升基层医疗卫生服务能力为导向，探索建立包括医疗联合体、对口支援在内的多种分工协作模式，完善管理运行机制。

2. 立法明确国家推进分级诊疗制度

基本医疗卫生与健康促进法规定了一系列条款为建立科学合理的分级诊疗制度予以法律保障。第三十条第一款明确“国家推进基本医疗服务实行分级诊疗制度”，并规定政府承担推进分级诊疗制度建设的责任，包括引导非急诊患者首先到基层医疗卫生机构就诊，逐步建立基层首诊、双向转诊、急慢分治、上下联动的机制。第二款规定县级以上地方人民政府根据本行政区域医疗卫生需求，整合区域内政府举办的医疗卫生资源，因地制宜建立医疗联合体等协同联动的医疗服务合作机制。

该法第三十四条、第三十七条及第四十二条将《关于推进分级诊疗制度建设的指导意见》中合理配置医疗资源、科学规划医疗卫生服务体系的文件精神上升为法律。第三十四条明确规定：“国家建立健全由基层医疗卫生机构、医院、专业公共卫生机构等组成的城乡全覆盖、功能互补、连续协同的医疗卫生服务体系。国家加强县级医院、乡镇卫生院、村卫生室、社区卫生服务中心（站）和专业公共卫生机构等的建设，建立健全农村医疗卫生服务网络和城市社区卫生服务网络。”第三十七条规定：“县级以上人民政府应当制定并落实医疗卫生服务体系规划，科学配置医疗卫生资源，举办医疗卫生机构，为公民获得基本医疗卫生服务提供保障。政府举办医疗卫生机构，应当考虑本行政区域人口、经济社会发展状况、医疗卫生资源、健康危险因素、发病率、患病率以及紧急救治需求等情况。”第四十二条规定：“国家以建成的医疗卫生机构为基础，合理规划与设置国家医学中心和国家、省级区域性医疗中心，诊治疑难重症，研究攻克重大医学难题，培养高层次医疗卫生人才。”

第三十五条明确了各级各类医疗卫生机构的功能定位。其中“基层医疗卫生机构主要提供预防、保健、健康教育、疾病管理，为居民建立健康档案，常见病、多发病的诊疗以及部分疾病的康复、护理，接收医院转诊患者，向医院转诊超出自身服务能力的患者等基本医疗卫生服务。医院主要提供疾病诊治，特别是急危重症和疑难病症的诊疗，突发事件医疗处置和救援以及健康教育等医疗卫生服务，并开展医学教育、医疗卫生人员培训、医学科学研究和对基层医疗卫生机构的业务指导等工作。专业公共卫生机构主要提供传染病、慢性非传染性疾病、职业病、地方病等疾病预防控制和健康教育、妇幼保健、精神卫生、院前急救、采供血、食品安全风险监测评估、出生缺陷防治等公共卫生服务”。

第三十六条则规定了医疗卫生机构的分工协作机制。“各级各类医疗卫生机构应当分工合作，为公民提供预防、保健、治疗、护理、康复、安宁疗护等全方位全周期的医疗卫生服务。各级人民政府采取措施支持医疗卫生机构与养老机构、儿童福利机构、社区组织建立协作机制，为老年人、孤残儿童提供安全、便捷的医疗和健康服务。”

### （二）建立健全家庭医生签约服务制度

#### 1. 家庭医生的概念和职责范围

家庭医生是居民健康的“守门人”，负责在基层提供预防、保健、健康教育、疾病管理，为居民建立健康档案，常见病、多发病的诊疗以及部分疾病的康复、护理等基本医疗服务和基本公共卫生服务。现阶段家庭医生主要包括基层医疗卫生机构注册全科医生（含助理全科医生和中医类别全科医生）、具备能力的乡镇卫生院医师和乡村医生、符合条件的公立医院医师和退休临床医师等。

#### 2. 加强家庭医生签约团队建设

家庭医生签约服务是新形势下满足公众健康需求的有效途径，是转变基层医疗卫生服务模式、推进分级诊疗制度建设的重要举措。2016 年，国务院医改办、国家卫生计生委、国家发展改革委等七部门制定的《关于推进家庭医生签约服务的指导意见》明确，家庭医生是开展居民签约服务的第一责任人。家庭签约服务原则上采取团队服务形式。签约团队主要由家庭医生、社区护士、公共卫生医师等组成，并由二级以上医院医师提供技术支持和业务指导，有条件的地区还可吸收提供中医药服务的医师、健康管理师、心理咨询师等加入团队。积极引导符合条件的公立医院医师和中级以上职称的退休临床医师作为家庭医生在基层提供签约服务。同时，随着全科医生人才队伍的发展，逐步形成以全科医生为主体的签约服务队伍。

大部分地区按照国家政策要求加强家庭医生团队建设，也有部分地区探索创新家庭医生签约服务团队组成新模式，扩大团队覆盖范围，探索鼓励将中医师、健康管理师、心理咨询师、营养师、康复治疗师等纳入团队。如厦门市创建“三师共管”家庭医生签约服务，由全科医师、健康管理师、专科医师组成团队共同管理慢性病患者；上海市实行组合式签约，加强医院与基层医疗卫生机构对接，居民或家庭与家庭医生团队签约时，可自愿选择一所二级医院、一所三级医院，建立起“1＋1＋1”的签约服务模式。

3. 增强家庭医生签约服务吸引力

一是家庭医生签约服务内涵不断优化。建立以居民需求和满意度为核心的服务导向，设定包含基本医疗和基本公共卫生服务在内的签约服务包，既确保签约人群获得公平的基本医疗卫生服务，又能满足居民多层次、多样化的卫生需求。如浙江省杭州市、山东省曲阜市等地将家庭病床、居家护理、上门服务等纳入签约内容，受到居民普遍欢迎。

二是在就医、转诊、用药、医保等方面对签约居民实行多样化的政策。在就医方面，完善家庭医生团队服务模式，按照协议为签约居民提供全程服务、上门服务、错时服务、预约服务等多种形式的服务。在转诊方面，部分地区给予家庭医生团队一定比例的医院专家号、预约挂号、预留床位等资源，方便签约居民优先就诊和住院，为转诊患者建立绿色转诊通道。在用药方面，对于签约的慢性病患者，家庭医生可以酌情延长单次配药量或延续上级医院处方，减少病人往返开药的频次。在医保方面，对签约居民实行差异化的医保支付政策，例如，符合规定的转诊住院患者可以连续计算起付线，签约居民在基层就诊会降低门诊起付标准、得到更高比例的医保报销，等等。这些措施让签约居民减轻了医疗费用负担，提高了保障水平，增强了签约吸引力，使群众切实感受到签与不签不一样。

4. 建立家庭医生签约服务激励机制

建立有效的家庭医生签约服务激励约束机制是促进家庭医生提供优质服务的关键。2016 年，《关于推进家庭医生签约服务的指导意见》发布，对拓展基层医务人员职业发展前景、合理提高收入水平等提出政策要求，调动全科医生参与家庭医生签约服务的积极性。在筹资机制方面，家庭医生团队根据签约人数按年收取签约服务费，由医保基金、基本公共卫生服务经费和签约居民付费等方式共同分担；在完善收入分配制度方面，多地探索完善基层医疗卫生机构绩效工资制度，允许医疗服务收入扣除成本并按规定提取各项基金后主要用于人员奖励；在完善绩效考核制度方面，把提供优质签约服务、维护群众健康的责任落实到家庭医生个人和团队，将签约服务开展情况与团队成员的收入挂钩，鼓励多劳多得、优劳优酬；在完善综合激励政策方面，在人员编制、人员聘用、职称晋升、在职培训、评奖推优等方面对家庭医生给予倾斜，拓展家庭医生职业发展路径，调动其积极性。

家庭医生签约服务有助于打通基层医疗卫生机构和基层医疗卫生人员与居民的连接，为居民提供有针对性的基本医疗卫生服务，增进基层医疗卫生机构的“守门人”功能。党的十八大以来，我国家庭医生签约服务体系初步建立，在家庭医生准入、服务方式、服务内容、人员管理等方面出台了执业标准和服务规范，逐步解决了在推进家庭医生签约服务期间出现的服务项目杂、执业不规范、收费缺标准、筹资少渠道等问题。此次基本医疗卫生与健康促进法在总结医改实践经验的基础上，对家庭医生签约服务作出了制度性安排。该法第三十一条规定，“国家推进基层医疗卫生机构实行家庭医生签约服务，建立家庭医生服务团队，与居民签订协议，根据居民健康状况和医疗需求提供基本医疗卫生服务”，为实现家庭医生签约服务制度的全覆盖奠定了基础。

## 三、加强基层医疗卫生人才队伍建设，提升基层医疗卫生服务能力

医疗卫生人才是我国医疗卫生服务体系的核心，是决定基层医疗卫生服务水平的关键因素。如前所述，我国县、乡镇和村一级医疗卫生机构多年来一直面临着医疗卫生人才流失的严峻问题，基层医疗卫生人才队伍建设滞后。没有一支数量充足、能力较高

的基层医疗卫生队伍，即使基层医疗卫生机构设施再健全，也很少有患者愿意留在基层接受诊疗服务，无法从根本上改变“千军万马奔三甲”的现状。

2010 年，国家发展改革委、卫生部等六部委联合印发《以全科医生为重点的基层医疗卫生队伍建设规划》，标志着我国以全科医生为重点的基层医疗卫生人才队伍建设正式启动。此后，国务院相继发布了一系列完善基层人才队伍培养与激励机制的文件，在一定程度上提高了基层医疗卫生队伍的整体素质和服务水平。此次基本医疗卫生与健康促进法吸纳了全科医生培养等医改成功经验，制定了多项措施鼓励和吸引医学人才向基层流动、为基层服务，助力基层人才“下得去、留得住、用得好”，以加强基层医疗卫生人才队伍建设，为提升基层医疗卫生服务能力提供了法律支撑。

### （一）加强全科医生队伍建设

#### 1. 全科医生的起源

全科医生（General Practitioner）的概念源于英国，指负责治疗所有常见疾病，并将病人转诊至医院或其他医疗机构进行急诊或进一步专科治疗的医生。1946 年，英国颁布《国家卫生服务法》（*National Health Service Act*），将全科医生定位为国民健康服务体系（National Health System）的“守门人”，由全科医生来判断患者是否需要住院治疗或由专家诊断，以便最大限度地避免医疗资源的浪费。1976 年，英国国会修订《国家卫生服务法》，建立了严格的全科医生培养制度，提高全科医生入职门槛，规范全科医生培训和资质认证。此外，该法还大力提高了全科医生的薪酬待遇，使全科医生职位具有较强的竞争力和吸引力，确保全科医疗人才队伍的稳定①。

全科医生在英国国民健康服务体系中占据主导地位。根据英国法律规定，居民必须选择一所诊所并与全科医生签约，才可以获得免费的医疗卫生服务。数据显示，英国约95%的基础医疗服务由全科医生提供，80%左右的居民在社区的全科医生诊所即可得到诊治②。社区首诊制度是英国实施免费医疗的基础。而该制度得以在英国获得良好的成效，离不开英国规范化、专业化的全科医生培养模式，以及患者对全科医生医疗服务能力的高度信任③。

事实上，无论是实施国民健康服务体系的英国，还是实施医疗保险的德国，抑或以商业健康保险为主的美国，都建立了全科医生制度。国际经验表明，完善的全科医生制度有助于优化医疗资源配置，有效分流和满足群众就医需求，是建设基层医疗卫生人才队伍、提升基层医疗卫生服务能力的关键。

2. 全科医生制度在我国的进展

2011年7月国务院印发的《关于建立全科医生制度的指导意见》标志着全科医生制度在我国正式实施。该指导意见指出，全科医生是综合程度较高的医学人才，主要在基层承担预防保健、常见病多发病诊疗和转诊、病人康复和慢性病管理、健康

① 王虎峰，李颖．世界上没有“免费的午餐”“免费医疗”是把双刃剑——以英国“免费医疗”制度为例［J］．人民论坛，2019（26）：95－97.

② 马俊．英国全科医生制度对我国基层医疗建设的启示［J］．中国集体经济，2019（19）：167－168.

③ 同①96.

管理等一体化服务，是居民健康的“守门人”。建立全科医生制度是保障和改善城乡居民健康的迫切需要，有利于充分落实预防为主的方针，使医疗卫生更好地服务人民健康。建立全科医生制度，为基层培养“下得去、留得住、用得好”的合格全科医生，是提高基层医疗卫生服务水平的客观要求和必由之路。此外，建立全科医生制度有利于形成基层医疗卫生机构与城市医院合理分工的诊疗模式，为群众提供连续协调、方便可及的基本医疗卫生服务，是促进医疗卫生服务模式转变的重要举措。

目前，我国已初步建立起全科医生制度，形成了较为规范的全科医生培养模式和“首诊在基层”的服务模式，基本适应人民群众基本医疗卫生服务需求。

3. 建立健全适应行业特点的全科医生培养制度

全科医生培养是完善全科医生制度的关键。2011 年发布的《关于建立全科医生制度的指导意见》明确提出要逐步建立统一规范的全科医生培养制度，建立全科医生激励机制，多渠道培养合格的全科医生。2018 年 1 月，国务院办公厅印发《关于改革完善全科医生培养与使用激励机制的意见》，进一步提出要建立健全适应行业特点的全科医生培养制度，创新全科医生使用激励机制，为推进家庭医生签约服务、建立分级诊疗制度提供有力的全科医学人才保障。主要措施如下。

一是扩大全科医生培养规模。从 2018 年起，新增临床医学、中医硕士专业学位研究生招生计划重点向全科等紧缺专业倾斜。继续实施农村订单定向医学生免费培养，推进农村基层本地全科人才培养。扩大全科专业住院医师规范化培训招收规模。

二是提高全科医生培养质量。主要措施包括加强全科医学学科建设，高校面向全体医学类专业学生加强全科医学教育；全科专业住培基地独立设置全科医学科，以人才培养为目的，与基层医疗卫生机构联合培养全科医生。

三是全面提高全科医生职业吸引力。主要措施包括改革完善全科医生薪酬制度、完善全科医生聘用管理、拓展全科医生职业发展前景、鼓励社会力量举办全科诊所和增强全科医生职业荣誉感等。

四是加强贫困地区全科医生队伍建设。主要措施包括对集中连片特困地区县和国家扶贫开发工作重点县加大农村订单定向医学生免费培养力度；继续推进全科医生特岗计划试点工作，鼓励有条件的地区结合实际实施本地全科医生特岗计划，引导和激励优秀人才到基层工作；职称晋升政策向贫困地区进一步倾斜等。

这一系列举措使得以全科医生为重点的基层卫生人才队伍快速壮大，基层服务能力薄弱的状况逐步改善。截至2018年底，培训合格的全科医生已达30.9万人，每万人口拥有全科医生达到2.2人[①]。第一批免费培养的4000余名全科医学本科生已分配至中西部地区的乡镇卫生院。全科医生特岗计划由10个省份扩大到19个省份。乡村全科执业助理医师考试全面推开，2018年共5.2万

① 国家卫生健康委员会．对十三届全国人大二次会议第4889号建议的答复［EB/OL］．（2020-07-08）［2020-09-07］．http：//www.nhc.gov.cn/wjw/jiany/202007/d00ee69aa2414b5ea60c67e3135c4dba.shtml.

人通过考试，进一步壮大了农村地区的医师队伍①。

此次立法明确“国家加强全科医生的培养和使用”（第五十二条第二款），体现了国家对培养和使用全科医生的重视，也为建立健全适应行业特点的全科医生培养制度提供了法律保障。

### （二）加强基层及艰苦边远地区医疗卫生队伍建设

缺乏人才是制约基层，特别是艰苦边远地区医疗卫生机构发展的关键因素。基本医疗卫生与健康促进法确立了医疗卫生人员定期到基层和艰苦边远地区从事医疗卫生工作的制度（第五十六条第一款），有助于加强基层及艰苦边远地区医疗卫生队伍建设。

首先，该法将定向免费培养、对口支援、退休返聘等成熟定型经验上升为法律，明确“国家采取定向免费培养、对口支援、退休返聘等措施，加强基层和艰苦边远地区医疗卫生队伍建设”（第五十六条第二款）。这些措施本质上是由国家直接干预，通过供给侧改革为基层和艰苦边远地区培养医疗卫生人员，确保医疗卫生服务供给，解决农村地区、偏远地区“看病难”问题，体现了国家对基层、边远贫困地区人民健康福祉的责任和担当。

其次，该法将在基层或者对口支援医疗卫生机构服务的经历作为晋升职称的条件，规定“执业医师晋升为副高级技术职称的，应当有累计一年以上在县级以下或者对口支援的医疗卫生机构提供医疗卫生服务的经历”（第五十六条第三款）。这一规定将确保基层和艰苦边远地区能有较高水平的医师定点驻扎，有利于

---

① 国家卫生健康委员会．对十三届全国人大二次会议第3026号建议的答复［EB/OL］．（2020-07-06）［2020-09-07］．http：//www.nhc.gov.cn/wjw/jiany/202007/d3bb8a9ea757489cacee26b97087dfa4.shtml.

提升基层和艰苦边远地区的医疗卫生服务能力，确保当地居民能够获得较高水平的基本医疗卫生服务。

再次，给予在基层和艰苦边远地区工作的医疗卫生人员在薪酬津贴、职称评定、职业发展、教育培训和表彰奖励等方面的优惠待遇（第五十六条第四款）。通过完善人事、薪酬和奖励等制度，提升在基层和艰苦边远地区工作的职业吸引力，有利于吸引更多高水平的优质医疗卫生人才下沉到基层，确保人才“下得去、留得住”。

最后，加强乡村医疗卫生队伍建设。乡村医生是我国几亿农村居民的健康“守门人”，在基层医疗卫生服务体系中具有重要作用。加强乡村医疗卫生队伍建设对于促进基本公共卫生服务均等化，保障农村居民获得安全、有效、方便、价廉的基本医疗卫生服务意义深远。然而，我国当前还存在着村医服务能力不强、部分地区村医后继无人等制约因素。为此，国务院相继出台了《关于进一步加强乡村医生队伍建设的指导意见》《关于进一步加强乡村医生队伍建设的实施意见》等一系列完善乡村医生培养与激励机制的文件。此次基本医疗卫生与健康促进法明确要“建立县乡村上下贯通的职业发展机制，完善对乡村医疗卫生人员的服务收入多渠道补助机制和养老政策”（第五十六条第五款），为加强乡村医生队伍建设、保障乡村医生收入待遇、解决乡村医生养老问题提供了法律支撑，有助于加快补齐我国医疗卫生服务体系的短板。

## 四、加强基层、边远贫困地区医疗卫生事业财政投入和制度保障

如何加强基层、支持边远贫困地区医疗卫生与健康事业发展是基本医疗卫生与健康促进法重点关注的内容。首先，基本医疗卫生与健康促进法第十一条规定："国家加大对医疗卫生与健康事业的财政投入，通过增加转移支付等方式重点扶持革命老区、民族地区、边疆地区和经济欠发达地区发展医疗卫生与健康事业。"党的十八大以来，中央不断加大对贫困地区的财政支持力度。2018 年 8 月 13 日，国务院办公厅印发《医疗卫生领域中央与地方财政事权和支出责任划分改革方案》，明确提出"中央财政根据救助需求、工作开展情况、地方财力状况等因素分配对地方转移支付资金""中央财政加大对困难地区的均衡性转移支付力度，促进基本公共服务均等化"。此次基本医疗卫生与健康促进法明确要通过转移支付等方式重点扶持革命老区、民族地区、边疆地区和经济欠发达地区发展医疗卫生与健康事业，这对下一步规范医疗卫生投入起到了重要的法律指引作用。

除了加大转移支付力度，中央财政还设立了专项加大支持卫生健康人才培养。2018 年，国家卫生健康委协调财政部安排卫生健康人才培养项目补助资金 71 亿元，支持各类人才培养项目，其中农村订单定向医学生免费培养补助资金 2.29 亿元，县乡村卫生人才能力提升培训补助资金 3.73 亿元，万名医师支援县医院补助资金 1 亿元。据估算，2019 年农村订单定向免费医学生培养、住院医师规范化培训、助理全科医生培训、转岗培训等向"三区三

州”等倾斜支持 1.5 亿元[①]。基本医疗卫生与健康促进法在现有政策基础上，进一步强化了国家对基层医疗卫生与健康事业发展的财政投入责任，为促进医学人才向基层流动提供了支持（第五十六条）。

作为我国医疗卫生与健康领域第一部基础性、综合性法律，基本医疗卫生与健康促进法涉及医疗卫生与健康事业发展的方方面面，能够用如此多的条款对基层及艰苦边远地区医疗卫生事业发展作出规定，体现了国家对基层人民群众健康权益的高度重视以及对基层医疗卫生与健康事业发展的深切关注。这些规定将为加强基层及艰苦边远地区医疗卫生队伍建设，提高基层医疗卫生服务能力提供强有力的法律保障。

综上所述，“强基层”措施是提高群众对基层医疗机构服务利用率的重要方式和手段，也是深化医疗卫生体制改革的重点和难点问题。此次基本医疗卫生与健康促进法在吸收前期医改成功经验的基础上，制定了一系列针对性措施，“强基层”理念得到了突出体现。这些法条将推动医疗卫生资源下沉，进一步加强基层医疗卫生服务体系和人才队伍建设，促使基层医疗卫生“软件”和“硬件”双提升。

① 国家卫生健康委员会．对十三届全国人大二次会议第 5182 号建议的答复［EB/OL］．（2020－07－08）［2020－09－07］．http：//www.nhc.gov.cn/wjw/jiany/202007/5b7281cd71044b0ca477ee4871fdc1b8.shtml.

第 9 篇

# 强调推进中国特色基本医疗卫生制度建设的政府责任

■张 怡

基本医疗卫生制度是医疗卫生与健康领域的根本制度。作为我国医疗卫生与健康领域第一部基础性、综合性法律，基本医疗卫生与健康促进法以立法引领和深化医疗卫生体制改革，推动我国医改由框架设计转向制度建设，为加快建立中国特色基本医疗卫生制度，实现人人享有基本医疗卫生服务奠定了坚实的法律基础。

## 一、新时代中国特色基本医疗卫生制度的基本框架

### （一）四位一体的基本医疗卫生制度

早在2007年，党的十七大报告已明确要求“建立基本医疗卫生制度，提高全民健康水平”，为我国医疗卫生与健康事业发展指明了方向。2009年3月17日印发的《中共中央 国务院关于深化医药卫生体制改革的意见》标志着我国新一轮医药卫生体制改革正式起步。该意见明确了“建立健全覆盖城乡居民的基本医疗

卫生制度，为群众提供安全、有效、方便、价廉的医疗卫生服务”的深化医药卫生体制改革总体目标，确立了“坚持医药卫生事业为人民健康服务的宗旨，以保障人民健康为中心，以人人享有基本医疗卫生服务为根本出发点和落脚点”的改革原则，强调保基本、强基层、建机制，“强化政府在基本医疗卫生制度中的责任，加强政府在制度、规划、筹资、服务、监管等方面的职责”。

在此基础上，该意见进一步提出要“建设覆盖城乡居民的公共卫生服务体系、医疗服务体系、医疗保障体系、药品供应保障体系，形成四位一体的基本医疗卫生制度”。此外，意见还提出要“完善医药卫生的管理、运行、投入、价格、监管体制机制，加强科技与人才、信息、法制建设”，作为保障前述四大体系有效运行的有力支撑。这四大体系和八项支撑（“四梁八柱”）构成了我国基本医疗卫生制度的基本框架（见图9－1）。

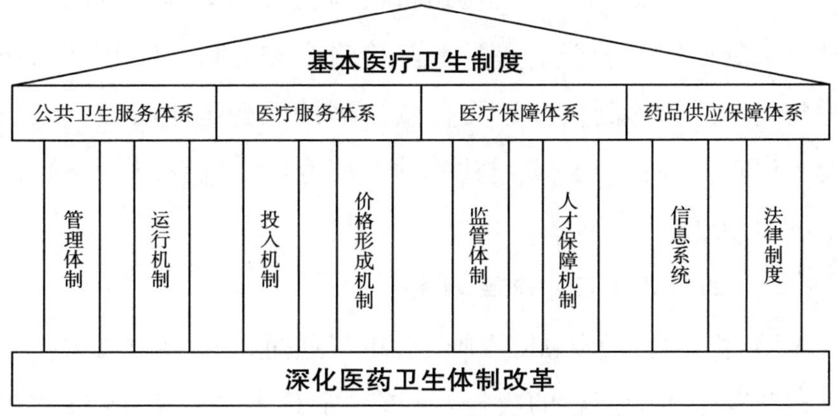


**图9－1　基本医疗卫生制度的“四梁八柱”**

首先，建设公共卫生服务体系，重点是建立健全疾病预防控制、健康教育、妇幼保健、精神卫生、应急救治、采供血、卫生监督和计划生育等专业公共卫生服务网络；完善公共卫生服务体系，特别是完善重大疾病防控体系和突发公共卫生事件应急机制。其次，建设医疗服务体系，重点是完善农村三级医疗卫生服务网络和以社区卫生服务为基础的新型城市医疗卫生服务体系；坚持非营利性医疗机构为主体、营利性医疗机构为补充，公立医疗机构为主导、非公立医疗机构共同发展的办医原则，深化公立医院改革。再次，建设医疗保障体系，重点是建立和完善以城镇职工和城乡居民的基本医疗保险为主体，商业健康保险、医疗救助和医疗慈善服务等为补充的多层次医疗保障体系。最后，建设药品供应保障体系，重点是建立以国家基本药物制度为基础的药品供应保障体系，规范药品生产流通，保障人民群众安全用药。

八项支撑具体包括：（1）协调统一的医药卫生管理体制；（2）高效规范的医药卫生机构运行机制；（3）政府主导的多元卫生投入机制；（4）科学合理的医药价格形成机制；（5）严格有效的医药卫生监管体制；（6）可持续发展的医药卫生科技创新机制和人才保障机制；（7）实用共享的医药卫生信息系统；（8）医药卫生法律制度。

### （二）五项基本医疗卫生制度

2013 年，党的十八届三中全会审议通过《中共中央关于全面深化改革若干重大问题的决定》。该决定第十二章第 46 条“深化医药卫生体制改革”提出了统筹推进医疗保障、医疗服务、公共卫生、药品供应、监管体制综合改革的目标。

2016 年 8 月，习近平总书记在全国卫生与健康大会上发表重要讲话，并就如何加快把党的十八届三中全会确定的医药卫生体制改革任务落到实处作出重要指示。他调强，要着力推进基本医疗卫生制度建设，努力在分级诊疗制度、现代医院管理制度、全民医保制度、药品供应保障制度、综合监管制度五项基本医疗卫生制度建设上取得突破。李克强总理也在会上强调，要以公平可及和群众受益为目标把医改推向纵深；要完善全民基本医保制度，逐步实现医保省级统筹；要加快推进公立医院改革，破除“以药补医”机制，坚持基本医疗卫生事业公益性；要加快建设分级诊疗制度，提升基层医疗服务水平；要深化药品供应保障体系改革，提高药品生产质量，建立完善药品信息全程追溯体系。这五项基本制度切中我国医疗卫生体制的问题症结，是解决当前“看病贵、看病难”问题，保障“人人享有基本医疗卫生服务”的核心。

2017 年 1 月，国务院印发《“十三五”深化医药卫生体制改革规划》，部署加快建立符合国情的基本医疗卫生制度，推进医药卫生治理体系和治理能力现代化。“十三五”规划明确了五项基本医疗卫生制度建设的具体落实方案（见表 9－1）。

**表 9－1 “十三五”期间建设五项基本医疗卫生制度的重点任务**

| 重点任务 | 具体内容 |
| --- | --- |
| 建立科学合理的分级诊疗制度 | ·健全完善医疗卫生服务体系<br>·提升基层医疗卫生服务能力<br>·引导公立医院参与分级诊疗<br>·推进形成诊疗—康复—长期护理连续服务模式<br>·科学合理引导群众就医需求 |

续表

| 重点任务 | 具体内容 |
| --- | --- |
| 建立科学有效的现代医院管理制度 | ·完善公立医院管理体制<br>·建立规范高效的运行机制<br>·建立符合医疗卫生行业特点的编制人事和薪酬制度<br>·建立以质量为核心、公益性为导向的医院考评机制<br>·控制公立医院医疗费用不合理增长 |
| 建立高效运行的全民医疗保障制度 | ·健全基本医保稳定可持续筹资和报销比例调整机制<br>·深化医保支付方式改革<br>·推动基本医疗保险制度整合<br>·健全重特大疾病保障机制<br>·推动商业健康保险发展 |
| 建立规范有序的药品供应保障制度 | ·深化药品供应领域改革<br>·深化药品流通体制改革<br>·完善药品和高值医用耗材集中采购制度<br>·巩固完善基本药物制度<br>·完善国家药物政策体系 |
| 建立严格规范的综合监管制度 | ·深化医药卫生领域“放管服”改革<br>·构建多元化的监管体系<br>·强化全行业综合监管<br>·引导规范第三方评价和行业自律 |

### （三）中国特色基本医疗卫生制度

2016 年 10 月，中共中央、国务院印发的《“健康中国 2030”规划纲要》提出了“到 2020 年，建立覆盖城乡居民的中国特色基本医疗卫生制度”的战略目标。党的十九大报告进一步将“实施健康中国战略”作为国家发展基本方略，提出深化医药卫生体制改革，全面建立中国特色基本医疗卫生制度。2019 年 10 月 31 日，党的十九届四中全会审议通过《中共中央关于坚持和完善中国特色社会主义制度 推进国家治理体系和治理能力现代化若干重大问题的决定》。该决定在第八部分中就民生保障制度提出了具体要求，明确要“强化提高人民健康水平的制度保障”“深化医药卫生体制改革，健全基本医疗卫生制度，提高公共卫生服务、医疗服务、医疗保障、药品供应保障水平”。

总体而言，《中共中央 国务院关于深化医药卫生体制改革的意见》《中共中央关于全面深化改革若干重大问题的决定》《“健康中国 2030”规划纲要》，以及党的十九大报告等一系列政策文件的颁布，确立了以分级诊疗制度、现代医院管理制度、全民医保制度、药品供应保障制度和综合监管制度五项制度建设为重点的基本医疗卫生制度的政策框架。

## 二、将中国特色基本医疗卫生制度建设纳入法治轨道

健全的制度是医疗卫生体系有序规范运转的根本保障。建立健全基本医疗卫生制度，保障公民享有基本医疗卫生服务是此次立法的重中之重。基本医疗卫生与健康促进法在总结以往我国医药卫生体制改革经验和回应“健康中国”战略需要的基础上，对我国的基本医疗卫生制度进行了全面的顶层设计。首先，基本医疗卫生与健康促进法在总则中旗帜鲜明地规定，国家建立基本医疗卫生制度，建立健全医疗卫生服务体系，保护和实现公民获得基本医疗卫生服务的权利（第五条）。其次，该法在分则中按照

“四梁八柱”的架构，分别构建起：以基本公共卫生服务均等化项目和专业公共卫生服务机构为主要载体的公共卫生服务体系（第二章“基本医疗卫生服务”、第六章“健康促进”）；由政府办、社会办的，以非营利性为主体、营利性为补充的，基层医疗卫生机构、医院、国家和省级区域性医疗中心、国家医学中心等各级各类医疗卫生机构及其人员分工合作提供服务的医疗服务体系（第二章“基本医疗卫生服务”、第三章“医疗卫生机构”）；以基本医疗保险为主体，商业健康保险、医疗救助、职工互助医疗和医疗慈善服务等为补充的、多层次的医疗保障体系（第七章“资金保障”）；以及以基本药物、药品审评审批、药品全过程追溯、医药储备等制度和药品价格、供求等监测体系为主要依托的药品供应保障体系（第五章“药品供应保障”）。第九章“法律责任”则对涉及上述领域主体的法律责任进行了规范。

同时，基本医疗卫生与健康促进法还规定了以下措施，为在分级诊疗制度、现代医院管理制度、全民医保制度、药品供应保障制度以及综合监管制度这五项基本医疗卫生制度建设上取得突破提供了强有力的法律支撑。

**（一）建立科学合理的分级诊疗制度**

逐步建立基层首诊、双向转诊、急慢分治、上下联动的分级诊疗制度是构建中国特色基本医疗卫生制度的重要内容，是合理配置医疗资源，促进基本医疗卫生服务均等化，破解基层首诊难的重要举措，对促进医疗卫生事业长远发展、提高人民健康水平具有重要意义。

正如本书第 8 篇文章所述，当前我国医疗卫生服务体系面临的问题已不再是“缺医少药”或是“看病难、看病贵”，而是医疗服务体系布局不完善、优质医疗资源不足和配置不合理，不能有效地满足激增的预防、治疗和康复、护理等服务需求。在此背景下，基本医疗卫生与健康促进法在总结《关于推进分级诊疗制度建设的指导意见》等政策文件精神以及医改成功实践的基础上，对我国建立科学合理的分级诊疗制度作出了制度性的安排。

基本医疗卫生与健康促进法第三十条明确“国家推进基本医疗服务实行分级诊疗制度”，规定了包括引导非急诊患者首先到基层医疗卫生机构就诊，逐步建立基层首诊、双向转诊、急慢分治、上下联动的机制的政府责任。该条还规定县级以上地方人民政府根据本行政区域医疗卫生需求，整合区域内政府举办的医疗卫生资源，因地制宜建立医疗联合体等协同联动的医疗服务合作机制。第三十四条和第三十七条明确了科学配置医疗卫生资源，建立健全城乡全覆盖、功能互补、连续协同的医疗卫生服务体系的政府责任。第三十五条则明确了各级各类医疗卫生机构的功能定位。第三十六条则规定了医疗卫生机构的分工协作机制。第四十二条规定国家合理规划与设置国家医学中心和国家、省级区域性医疗中心。

### （二）建立科学有效的现代医院管理制度

现代医院管理制度是基本医疗卫生制度立柱架梁的关键制度安排，是中国特色基本医疗卫生制度的重要组成部分。自 2010 年城市公立医院综合改革在 17 个城市启动试点以来，各地积极探索建立现代医院管理制度，积累了许多宝贵经验。2016 年 12 月，由国务院印发并实施的《“十三五”深化医药卫生体制改革规划》

明确要深化县级公立医院综合改革，加快推进城市公立医院综合改革。该规划提出了到2017年逐步完善分级诊疗政策体系，到2020年基本建立具有中国特色的权责清晰、管理科学、治理完善、运行高效、监督有力的现代医院管理制度，建立维护公益性、调动积极性、保障可持续的运行新机制和科学合理的补偿机制的目标。

为了更好地落实“十三五”规划确立的重点任务，国务院办公厅印发了《国务院办公厅关于建立现代医院管理制度的指导意见》，提出了三个方面共20项重点改革任务。一是完善医院管理制度，包括13项改革任务：制定医院章程，健全医院决策机制，健全民主管理制度，健全医疗质量安全、人力资源、财务资产、绩效考核、人才培养培训、科研、后勤、信息等核心管理制度，加强医院文化建设，以及全面开展便民惠民服务。二是建立健全医院治理体系，包括4项改革任务：明确政府对公立医院的举办职能，明确政府对医院的监管职能，落实公立医院经营管理自主权，以及加强社会监督和行业自律。三是加强医院党的建设，共3项改革任务：充分发挥公立医院党委的领导核心作用，全面加强公立医院基层党建工作，以及加强社会办医院党组织建设。

建立科学有效的现代医院管理制度能够为公立医院运行新机制持续有效发挥作用提供制度保障，是推进医疗卫生领域国家治理能力和治理体系现代化的重要措施。基本医疗卫生与健康促进法在总结医改宝贵经验的基础上，将现代医院管理进一步规范化、制度化，在第四十五条、第五十五条第一款、第九十一条予以保障。

第四十五条第一款明确了建立现代医院管理制度的政府责任，

并进一步提出了顶层设计的要求：该制度应当权责清晰、管理科学、治理完善、运行高效、监督有力。第二款提出要规范医院内部治理结构和权力运行规则，提高医院运行效率，即“医院应当制定章程，建立和完善法人治理结构，提高医疗卫生服务能力和运行效率”。

第五十五条第一款明确国家建立健全符合医疗卫生行业特点的人事、薪酬、奖励制度，体现医疗卫生人员职业特点和技术劳动价值。这一条款通过法律推动公立医院完善人事薪酬制度，从而促进公立医院施行价格联动改革，保障运行机制良性转换。

第九十一条规定县级以上地方人民政府卫生健康主管部门建立医疗卫生机构绩效评估制度，对医疗卫生机构的服务质量、医疗技术、药品和医用设备使用等情况进行评估，评估结果以适当方式向社会公开，作为评价医疗卫生机构和卫生监管的重要依据。

### （三）建立高效运行的全民医疗保障制度

建立高效运行的全民医疗保障制度一直是我国新一轮深化医药卫生体制改革的重大任务之一。中华人民共和国成立后不久，我国即启动了以农村合作医疗、公费医疗和劳保医疗为主的医疗保障制度建设。1978 年，中国开始市场经济体制改革，卫生体系也随之发展和改革。由于农村集体经济解体，农村合作医疗失去了经济支撑，覆盖率从 1976 年的 90% 下滑到 1985 年的 5% 左右[①]。公费和劳保医疗保障制度也面临着不能保障基本医疗卫生

---

① 周寿祺．探寻农民健康保障制度的发展轨迹．国际医药卫生导报［J］．2002（6）：18－19.

服务的困境，导致个人自付医疗费用节节攀升，引起了社会的强烈反响。1997 年 1 月，中共中央、国务院印发《关于卫生改革与发展的决定》，明确了“坚持为人民服务”这一卫生改革与发展的基本原则，并提出了建立农村医疗保障制度，深化城镇职工基本医疗保险制度改革。随后，国务院在 1998 年 12 月发布了《关于建立城镇职工基本医疗保险制度的决定》，明确在全国范围内进行城镇职工医疗保险制度改革。2002 年 10 月，中共中央、国务院印发《关于进一步加强农村卫生工作的决定》，提出各级政府要积极引导农民建立以大病统筹为主的新型农村合作医疗制度。2003 年 1 月，国务院办公厅转发卫生部、财政部和农业部《关于建立新型农村合作医疗制度的意见》，明确提出新型农村合作医疗制度是由政府组织、引导、支持，农村居民自愿参加，个人、集体和政府多方筹资，以大病统筹为主的农村居民医疗互助共济制度。2007 年，国务院出台《关于开展城镇居民基本医疗保险试点的指导意见》，明确开展城镇居民基本医疗保险试点，为城镇人口中包括儿童和老人在内的所有非在业人群提供基本医疗保险[①]。截至 2016 年，我国基本医疗保险参保人数超过 13 亿人，参保覆盖率稳固在 95% 以上，实现了基本医疗保险全覆盖[②]。

此后，我国按照保基本、兜底线、可持续的原则持续深化医疗保障制度改革，健全基本医保稳定可持续筹资和报销比例调整

---

① 孟庆跃，杨洪伟，陈文，等．转型中的中国卫生体系［R］．日内瓦：世界卫生组织，2015：112.

② 国务院新闻办公室．中国健康事业的发展与人权进步［R/OL］．（2017 - 09 - 29）［2020 - 09 - 09］．http：//www. xinhuanet. com/2017 - 09/29/c_ 1121747583. htm.

机制，深化医保支付方式改革，推动基本医疗保险制度整合，健全重特大疾病保障机制，推动商业健康保险发展。当前，我国已基本建立起了以城镇职工基本医疗保险、城乡居民基本医疗保险为基础，商业健康保险为补充，医疗救助为托底的全民医疗保障制度。

此次基本医疗卫生与健康促进法将我国医疗保障制度改革的成功经验进一步规范化和制度化。该法第八十三条明确规定，“国家建立以基本医疗保险为主体，商业健康保险、医疗救助、职工互助医疗和医疗慈善服务等为补充的、多层次的医疗保障体系”“国家鼓励发展商业健康保险，满足人民群众多样化健康保障需求”“国家完善医疗救助制度，保障符合条件的困难群众获得基本医疗服务”。

在此基础上，该法还规定了：（1）国家基本公共卫生服务项目由国务院卫生健康主管部门会同国务院财政部门、中医药主管部门等共同确定（第十六条第二款）；（2）国家建立健全基本医疗保险经办机构与协议定点医疗卫生机构之间的协商谈判机制，科学合理确定基本医疗保险基金支付标准和支付方式，引导医疗卫生机构合理诊疗，促进患者有序流动，提高基本医疗保险基金使用效益（第八十四条）；（3）基本医疗保险基金支付范围由国务院医疗保障主管部门组织制定，并应当听取国务院卫生健康主管部门、中医药主管部门、药品监督管理部门、财政部门等的意见（第八十五条第一款）；（4）省级人民政府可以按照国家有关规定，补充确定本行政区域基本医疗保险基金支付的具体项目和标准，并报国务院医疗保障主管部门备案（第八十五条第二款）；（5）国务院医疗保障主管部门应当对纳入支付范围的药品目录、诊疗项目、医疗服务设施标准等组织开展循证医学和经济性评价，并以其评价结果作为调整基本医疗保险基金支付范围的依据（第八十五条第三款）。

### （四）建立规范有序的药品供应保障制度

药品是治病救人的特殊商品，关系到人民的健康福祉。药品的质量安全和创新发展，是推进健康中国建设的重要保障。《中华人民共和国药品管理法》和《中华人民共和国疫苗管理法》两部法律对药品的研发、生产、流通、使用和上市后再评价作出了全面系统的规定，为确保人民群众用药安全、有效提供了切实的法律保障。

此次基本医疗卫生与健康促进法在第五章中对药品供应保障制度作出了细致规定，本书第 13 篇文章将对此进行详细解读。首先，该法第五十八条明确，“国家完善药品供应保障制度”，并重申了保障药品安全、有效、可及的基本原则。其次，第五十九条至第六十六条分别从基本药物制度、药品审评审批制度、药品全过程追溯制度、药品价格和供求监测体系，以及医药储备、药品分类采购管理、医疗器械管理和中药传承保护和发展等方面对建立规范有序的药品供应保障制度进行了具体规定。

### （五）建立严格规范的综合监管制度

建立严格规范的医疗卫生行业综合监管制度，是全面建立中国特色基本医疗卫生制度的重要内容，对推进医疗卫生治理体系和治理能力现代化具有重要意义。2018 年 8 月，国务院办公厅印发《关于改革完善医疗卫生行业综合监管制度的指导意见》，提出到 2020 年要“建立职责明确、分工协作、科学有效的综合监管制度，健全机构自治、行业自律、政府监管、社会监督相结合的多元化综合监管体系”。该指导意见对医疗卫生行业综合监管制度进行了整体规划和统一部署，明确医疗卫生行业的监管理念、体制和方式将从重点监管公立医疗卫生机构转向全行业监管，从注重事前审批转向注重事中事后全流程监管，从主要运用行政手段转向统筹运用行政、法律、经济和信息等多种手段来提高监管能力和水平，为规范和优化医疗卫生服务供给、全方位全周期保障人民健康权益提供了有力支撑。

基本医疗卫生与健康促进法在吸收现有政策的基础上，进一步明确“国家建立健全机构自治、行业自律、政府监管、社会监督相结合的医疗卫生综合监督管理体系”（第八十六条第一款）。这一规定为医疗卫生行业综合监管法治化、规范化、常态化提供了有力保障。此外，该法还对医疗卫生综合监管的主体及职责分工、监管方式及手段等作出了细致规定（见表9－2）。

**表9－2 医疗卫生综合监管主体和责任**[①]

| 监管主体 | 责任 |
| --- | --- |
| 国务院卫生健康主管部门 | ·统筹协调全国医疗卫生与健康促进工作（第七条第二款）<br>·会同国务院财政部门、中医药主管部门等共同确定国家基本公共卫生服务项目（第十六条第二款）<br>·制定医疗卫生机构标准（第三十八条第三款）<br>·会同省级卫生健康主管部门，编制大型医用设备配置规划（第六十五条第二款） |

① 王晨光，张怡.《基本医疗卫生与健康促进法》的功能与主要内容［J］. 中国卫生法制，2020，28（2）：7.

续表

| 监管主体 | 责任 |
| --- | --- |
| 国务院医疗保障主管部门 | · 在听取国务院卫生健康主管等部门意见基础上，组织制定基本医疗保险基金支付范围（第八十五条） |
| 县级以上人民政府 | · 组织卫生健康、医疗保障、药品监督管理、发展改革、财政等部门建立沟通协商机制，加强制度衔接和工作配合，提高医疗卫生资源使用效率和保障水平（第八十八条）<br>· 定期向本级人大或其常务委员会报告基本医疗卫生与健康促进工作，并依法接受监督（第八十九条）<br>· 监督下级政府或同级有关部门落实医疗卫生与健康促进相关工作职责（第九十条） |
| 县级以上人民政府卫生健康主管部门 | · 对医疗卫生行业实行属地化、全行业监督管理（第八十六条第一款）<br>· 建立医疗卫生机构绩效评估制度，组织对医疗卫生机构的服务质量、医疗技术、药品和医用设备使用等情况进行评估（第九十一条）<br>· 建立医疗卫生机构、人员等信用记录制度，纳入全国信用信息共享平台，按照国家规定实施联合惩戒（第九十三条）<br>· 依法开展本行政区域医疗卫生等行政执法工作（第九十四条）<br>· 积极培育医疗卫生行业组织，发挥其在医疗卫生与健康促进工作中的作用，支持其参与行业管理规范、技术标准制定和医疗卫生评价、评估、评审等工作（第九十五条）<br>· 可以补充确定本行政区域内的基本公共卫生服务项目<br>· 制定本区域内医疗卫生服务体系规划和大型医用设备配置规划<br>· 组织急救培训，为公共场所提供急救设备 |

续表

| 监管主体 | 责任 |
| --- | --- |
| 县级以上人民政府医疗保障主管部门 | ·对纳入基本医疗保险基金支付范围的医疗服务行为和医疗费用加强监督管理，确保基本医疗保险基金合理使用、安全可控（第八十七条）<br>·会同卫生健康主管部门，建立医疗卫生机构、人员等信用记录制度，纳入全国信用信息共享平台，按照国家规定实施联合惩戒（第九十三条） |
| 卫生健康监督机构 | ·受卫生健康主管部门委托，可以依法开展区域内医疗卫生等行政执法工作（第九十四条） |
| 医疗卫生行业组织 | 可参与<br>·对医疗卫生人员的医德医风教育（第五十一条第二款）<br>·行业管理规范和技术标准制定和医疗卫生评价、评估和评审（第九十五条） |
| 公民、法人和其他组织 | ·可以对医疗卫生与健康服务进行社会监督（第九十七条） |

## 三、明确中国特色基本医疗卫生制度建设的政府责任

基本医疗卫生与健康促进法制定了一系列条文明确构建中国特色基本医疗卫生制度的政府责任。考虑到分级诊疗制度、现代医院管理制度、全民医保制度、药品供应保障制度以及综合监管制度与公共卫生服务体系、医疗服务体系、医疗保障体系、药品供应保障体系存在一定重合，下文通过图表的形式进行了总结（见表9－3）。

除此之外，基本医疗卫生与健康促进法还明确规定了各级政府在医疗卫生与健康领域的财政投入与保障责任。

表 9－3　医疗卫生与健康体制的“四梁”架构与对应的基本医疗卫生与健康促进法相关内容

| “四梁” | 五项基本医疗卫生制度 | 基本医疗卫生与健康促进法相关章节/条文 | 基本医疗卫生与健康促进法确立的体系与制度 |
| --- | --- | --- | --- |
| 公共卫生服务体系 | | 第二章 基本医疗卫生服务<br>第十六条至第二十八条 | 国家建立传染病防控制度（第二十条）<br>国家实行预防接种制度（第二十一条）<br>国家建立慢性非传染性疾病防控与管理制度（第二十二条）<br>国家建立健全突发事件卫生应急体系（第十九条）<br>国家发展妇幼保健事业，建立健全妇幼健康服务体系（第二十四条）<br>国家发展残疾预防和残疾人康复事业，完善残疾预防和残疾人康复及其保障体系（第二十六条）<br>国家建立健全院前急救体系（第二十七条）<br>国家发展精神卫生事业，建设完善精神卫生服务体系。国家采取措施，加强心理健康服务体系和人才队伍建设（第二十八条） |
| | | 第六章 健康促进<br>第六十七条至第七十九条 | 各级人民政府建立健康知识和技能核心信息发布制度（第六十七条）<br>国家建立疾病和健康危险因素监测、调查和风险评估制度（第七十一条）<br>国家建立科学、严格的食品、饮用水安全监督管理制度（第七十三条）<br>国家建立营养状况监测制度（第七十四条）<br>国家完善公共场所卫生管理制度（第七十七条）<br>国家将健康教育纳入国民教育体系（第六十八条）<br>国家发展全民健身事业，完善覆盖城乡的全民健身公共服务体系（第七十五条） |
| 医疗服务体系 | 分级诊疗制度 | 第二章 基本医疗卫生服务<br>第二十九条至第三十三条 | 国家推进基本医疗服务实行分级诊疗制度（第三十条）<br>国家推进基层医疗卫生机构实行家庭医生签约服务（第三十一条） |

续表

| “四梁” | 五项基本医疗卫生制度 | 基本医疗卫生与健康促进法相关章节/条文 | 基本医疗卫生与健康促进法确立的体系与制度 |
|---|---|---|---|
| 医疗保障体系 | 现代医院管理制度 | 第三章 医疗卫生机构<br>第三十四条至第五十条 | 国家建立健全由基层医疗卫生机构、医院、专业公共卫生机构等组成的城乡全覆盖、功能互补、连续协同的医疗卫生服务体系（第三十四条）<br>国家建立权责清晰、管理科学、治理完善、运行高效、监督有力的现代医院管理制度（第四十五条）<br>国家采取措施，推进医疗卫生机构建立健全医疗卫生信息交流和信息安全制度（第四十九条） |
| | | 第四章 医疗卫生人员<br>第五十一条至第五十七条 | 国家完善医学院校教育、毕业后教育和继续教育体系，建立健全住院医师、专科医师规范化培训制度（第五十二条）<br>国家对医师、护士等医疗卫生人员依法实行执业注册制度（第五十三条）<br>国家建立健全符合医疗卫生行业特点的人事、薪酬、奖励制度（第五十五条）<br>国家建立医疗卫生人员定期到基层和艰苦边远地区从事医疗卫生工作制度（第五十六条） |
| | 全民医保制度 | 第七章 资金保障<br>第八十条至第八十五条 | 国家建立以基本医疗保险为主体，商业健康保险、医疗救助、职工互助医疗和医疗慈善服务等为补充的、多层次的医疗保障体系；国家完善医疗救助制度（第八十三条） |
| | 综合监管制度 | 第八章 监督管理<br>第八十六条至第九十七条 | 国家建立健全机构自治、行业自律、政府监管、社会监督相结合的医疗卫生综合监督管理体系（第八十六条）<br>县级以上地方人民政府卫生健康主管部门应当建立医疗卫生机构绩效评估制度（第九十一条）<br>县级以上人民政府卫生健康主管部门、医疗保障主管部门应当建立医疗卫生机构、人员等信用记录制度（第九十三条） |

续表

| “四梁” | 五项基本医疗卫生制度 | 基本医疗卫生与健康促进法相关章节/条文 | 基本医疗卫生与健康促进法确立的体系与制度 |
|---|---|---|---|
| 药品供应保障体系 | 药品供应保障制度 | 第五章 药品供应保障<br>第五十八条至第六十六条 | 国家完善药品供应保障制度(第五十八条)<br>国家实施基本药物制度(第五十九条)<br>国家建立健全以临床需求为导向的药品审评审批制度(第六十条)<br>国家建立健全药品研制、生产、流通、使用全过程追溯制度(第六十一条)<br>国家建立健全药品价格监测体系(第六十二条)<br>国家建立健全药品供求监测体系(第六十四条) |

注：

1. 第一章“总则”的法律精神、原则、权利和职责分别体现在各章中；
2. 第九章“法律责任”规定了其他各章主体的相应法律责任。

### （一）明确政府对医疗卫生与健康事业的投入保障职责

《中华人民共和国宪法》第二十一条规定，“国家发展医疗卫生事业”“保护人民健康”。医疗卫生与健康事业是事关国家发展全局的重要公共事业，国家有责任投入力量推动其发展。

2016年《“健康中国2030”规划纲要》也要求“健全政府健康领域相关投入机制，调整优化财政支出结构，加大健康领域投入力度”“建立结果导向的健康投入机制，开展健康投入绩效监测和评价”。基本医疗卫生与健康促进法在宪法和政策的基础上，通过法律进一步明确了政府对医疗卫生与健康事业发展的财政投入责任，并要求各级政府完善投入机制。此外，该法还指明了政府的预算方向，规定政府预算主要保障四类事务，即基本医疗服务、公共卫生服务、基本医疗保障和政府举办的医疗卫生机构建设和运行发展。具体而言，基本医疗卫生与健康促进法第十一条规定，“国家加大对医疗卫生与健康事业的财政投入”。第八十条规定，“各级人民政府应当切实履行发展医疗卫生与健康事业的职责，建立与经济社会发展、财政状况和健康指标相适应的医疗卫生与健康事业投入机制，将医疗卫生与健康促进经费纳入本级政府预算，按照规定主要用于保障基本医疗服务、公共卫生服务、基本医疗保障和政府举办的医疗卫生机构建设和运行发展”。该法第八十一条明确要求“县级以上人民政府通过预算、审计、监督执法、社会监督等方式，加强资金的监督管理”。

### （二）明确政府对基本医疗卫生服务的投入保障责任

2009年，《中共中央 国务院关于深化医药卫生体制改革的意见》提出建立政府主导的多元卫生投入机制，规定要明确政府、社会与个人的卫生投入责任，确立政府在提供公共卫生和基本医疗服务中的主导地位。该意见还提出了促进基本公共卫生服务均等化的改革要求：“国家制定基本公共卫生服务项目，从2009年起，逐步向城乡居民统一提供疾病预防控制、妇幼保健、健康教育等基本公共卫生服务。”从2009年起，政府开始免费向城乡居民提供基本公共卫生服务，服务项目由最初的9大类扩展到了2017年的14大类服务。此次基本医疗卫生与健康促进法将这一举措上升为法律，第十五条规定了“基本公共卫生服务由国家免费提供”，第二十一条进一步明确“政府向居民免费提供免疫规划疫苗”。

有关基本医疗服务，基本医疗卫生与健康促进法第八十二条首先规定“基本医疗服务费用主要由基本医疗保险基金和个人支付”，再进一步明确“国家依法多渠道筹集基本医疗保险基金，逐步完善基本医疗保险可持续筹资和保障水平调整机制”，同时第八十三条规定，“国家完善医疗救助制度，保障符合条件的困难群众获得基本医疗服务”。因此，基本医疗服务并不是完全由国家免费提供，但国家有责任确保基本医疗保险的可持续筹资，并提升保障水平，同时为困难群众获得基本医疗服务提供医疗救助。

### （三）强化政府对基层、边远贫困地区医疗卫生事业的投入保障责任

基本医疗卫生与健康促进法第十一条明确规定了国家通过转移支付等方式重点扶持革命老区、民族地区、边疆地区和经济欠发达地区发展医疗卫生与健康事业的责任。第五十六条明确国家

采取定向免费培养、对口支援、退休返聘等措施，加强基层和艰苦边远地区医疗卫生队伍建设。这些条款强化了国家对基层（特别是边远贫困地区）医疗卫生与健康事业发展的财政投入责任，为加强基层医疗卫生机构和人才队伍建设，提升基层医疗卫生服务能力提供了法律支撑。

综上所述，基本医疗卫生与健康促进法将“国家建立基本医疗卫生制度”上升为法律责任，为持续深化医药卫生体制改革、全面实施健康中国战略、加快建立中国特色基本医疗卫生制度奠定了坚实的法律基础，可以说是此次立法的一大亮点。

# 第10篇

# 为社会力量举办医疗卫生机构提供法制保障

■曹艳林

随着我国经济、社会快速发展，人民群众对医疗服务的需要越来越多。鼓励和引导社会资本举办医疗卫生机构，有利于增加医疗卫生资源，扩大服务供给，有利于建立竞争机制，提高医疗服务效率和质量，完善医疗服务体系，满足人民群众多层次、多样化的医疗服务需求。如何鼓励和引导社会力量举办医疗卫生机构成为我国医疗卫生体制改革的重点和热点问题，也是《中华人民共和国基本医疗卫生与健康促进法》立法过程中重点关注的一个方面。我国卫生健康领域首部基础性、综合性法律——《中华人民共和国基本医疗卫生与健康促进法》已于2020年6月1日起正式施行，该法通过多个法律条文直接或间接对我国的社会力量举办医疗卫生机构作出了规定，将为我国社会力量举办医疗卫生机构健康、稳定发展提供法制保障。

## 一、鼓励和促进社会办医政策法规回顾

中华人民共和国成立后改革开放前，旧社会遗留下来的各种

资本形式的大医院逐渐被收归国有。同时，个体开业医生和个体开业诊所继续存在和发展。统计报告显示，到1954年1月，全国已建立联合诊所超过1.3万所；到1956年，由个体开业医生组织的农村、城市联合诊所由1950年的803所发展到5.1万所以上。此后，在社会主义改造浪潮下，全国范围的医疗机构也转而实行全面公私合营政策，非政府举办的医疗机构逐渐减少。到1966年9月，公私合营机构完全转变为社会主义全民或集体所有制机构，大多数个体开业医生停业，一些联合诊所转为集体所有，在计划经济体制下，民营医疗机构不再存在①。

1985年，国务院第62号文《国务院批转卫生部关于卫生工作改革若干政策问题的报告的通知》指出，为了加快卫生事业的发展，中央和地方应逐步增加卫生经费和投资；同时，必须进行改革，放宽政策，简政放权，多方集资，开阔发展卫生事业的路子，把卫生工作搞活，再次放宽了对社会资本办医、个体开业甚至医生多点执业的限制。

1994年颁布的《医疗机构管理条例》第四条规定，国家扶持医疗机构的发展，鼓励多种形式兴办医疗机构。实践中，将医疗机构的所有制形式分为5类，即全民、集体、私营、中外合资合作和其他。首次以执业许可的形式确立了“私营”和“中外合资合作”医疗机构在医疗服务领域中的位置，内容当中就包括了总则、规划布局、设置审批等内容。尽管第四条规定了国家扶持医

---

① 冯文，陈育德，张拓红，等．我国医疗服务领域资本准入政策的历史演变［J］．中华医院管理杂志，2003，19（9）：530.

疗机构的发展，鼓励运用多种形式兴办医疗机构，但是该条例既没有医疗机构管理的相关规定，也没有对不同类型的医疗机构该如何管理作出规定。当时我国的医疗机构基本上都是公立医疗机构，社会资本举办的医疗机构在医疗体系中的作用很微小。

1997 年《中共中央 国务院关于卫生改革与发展的决定》明确提出，“举办医疗机构要以国家、集体为主，其他社会力量和个人为补充”。然而，在民营医院数量增长、服务范围不断扩大的同时，也暴露出其服务水平低、收费高、虚假宣传等诸多问题。2000 年，卫生部、财政部和国家计委等联合颁布了《关于城镇医疗机构分类管理的实施意见》，将医疗机构分为营利性医疗机构和非营利性医疗机构，要打破医疗机构的行政隶属关系和所有制界限，对民营医疗机构的发展具有深远的影响。同年，国家有关部委联合下发了 13 个配套文件，为民营资本及外资进入医疗市场及其以后的发展创造了政策条件。2001 年 7 月发布的《关于城镇医疗机构分类管理若干问题的意见》进一步明确了医疗机构分类管理的有关问题，就非营利性医疗机构中合资合作部分作出了规定。上述文件只是对社会办医进行了原则性的规定，可操作性并不强。随后，各地政府和主管部门也先后颁布了扶持民营医院发展的政策文件。2007 年 10 月，党的十七大报告提出“实行管办分开、营利性和非营利性分开，鼓励社会参与”，再次明确了要鼓励发展非公有医疗卫生机构的总体方向。

2009 年 3 月，《中共中央 国务院关于深化医药卫生体制改革的意见》把“注重发挥市场机制作用，动员社会力量参与，促进有序竞争机制的形成”作为医改的原则之一，进一步指明了社会办医的方向和原则，鼓励和引导社会资本发展医疗卫生事业，积极促进非公立医疗卫生机构发展，形成投资主体多元化、投资方式多样化的办医体制。坚持非营利性医疗机构为主体、营利性医疗机构为补充，公立医疗机构为主导、非公立医院共同发展的办医原则。2010 年 5 月，国务院印发《关于鼓励和引导民间投资健康发展的若干意见》，提出鼓励民间资本参与发展医疗事业。2010 年 11 月，国务院办公厅转发国家发改委、卫生部等部门印发的《关于进一步鼓励和引导社会资本举办医疗机构的意见》，指出鼓励社会资本参与公立医院改制。引导社会资本以多种方式参与包括国有企业所办医院在内的公立医院改制，积极稳妥地把部分公立医院转制为非公立医疗机构，适度降低公立医院的比重，促进公立医院合理布局，形成多元化办医格局。放宽社会办医的准入范围，扩大医师多点执业试点范围。2012 年 4 月 13 日，卫生部发布《卫生部关于社会资本举办医疗机构经营性质的通知》，规定社会资本可以按照经营目的，自主申办营利性或非营利性医疗机构。同年 6 月 29 日，卫生部在《关于做好区域卫生规划和医疗机构设置规划促进非公立医疗机构发展的通知》中强调要拓宽社会资本举办医疗机构的准入范围。积极引导社会资本举办康复医院、护理院（站）、老年病和慢性病诊疗机构等医疗机构。鼓励和引导社会资本进入医疗服务的薄弱领域，如儿科、精神卫生、院前急救等。鼓励设置独立的医学影像诊断、医学检验、病理诊断机构等医疗机构。

2013 年，国务院在《关于促进健康服务业发展的若干意见》中指出要形成多元化的办医格局。大力支持社会资本举办非营利性医疗机构、提供基本的医疗服务。同年12月30日，《国家卫生和计划生育委员会、国家中医药管理局关于加快发展社会办医的若干意见》要求切实将社会办医纳入规划范围，放宽服务领域要求，鼓励社会资本直接投向资源稀缺及满足多元需求服务领域，举办康复医院、老年病医院、护理院、临终关怀医院等医疗机构，鼓励社会资本举办高水平、规模化的大型医疗机构或向医院集团化发展。2015年3月6日，国务院办公厅印发《全国医疗卫生服务体系规划纲要（2015—2020年）》，在第四章中指出社会办医院是医疗卫生服务体系不可或缺的重要组成部分，是满足人民群众多层次、多元化医疗服务需求的有效途径。优先支持举办非营利性医疗机构。引导社会办医院向高水平、规模化方向发展，发展专业性医院管理集团。2016年7月21日，国家卫生计生委印发《医疗机构设置规划指导原则（2016—2020年）》，要求鼓励社会办医，在符合规划总量和结构的前提下，取消对社会办医疗机构数量和地点的限制。优先设置审批社会力量举办的非营利性、资源稀缺的专科医疗机构。同年12月27日国务院在《关于印发"十三五"卫生与健康规划的通知》中提到要加快健康产业发展，大力发展社会办医。放宽社会力量举办医疗机构的服务领域要求，支持社会力量以多种形式参与健康服务。发展专业性医院管理集团，推动社会力量办医疗机构上水平发展；社会力量可以多种形式参与国有企业所办医疗机构等部分公立医院改制重组。鼓励公立医院与社会力量共同举办新的非营利性医疗机构，满足群众多层次医疗服务需求。

2019年6月10日，国家卫生健康委、发改委、市场监管总局、国家医保局等十部委联合印发《关于促进社会办医持续健康规范发展的意见》，要求加大政府支持社会办医力度。拓展社会办医空间。落实“十三五”期间医疗服务体系规划要求，严格控制公立医院数量和规模，为社会办医留足发展空间。扩大用地供给。各地在安排国有建设用地年度供应计划时，本地区医疗设施不足的，要在供地计划中落实并优先保障医疗卫生用地。推广政府购买服务。创新政府提供公共卫生服务方式，进一步加大政府购买服务力度。落实税收优惠政策。营利性社会办医，包括诊所等小型医疗机构，可按规定享受小微企业税收优惠政策。社会办医可按规定申请认定高新技术企业，享受相应税收优惠。推进“放管服”，简化准入审批服务。提高准入审批效率。各地要按照党中央、国务院深化“放管服”改革要求，于 2019 年底前出台省、市、县优化社会办医跨部门联动审批实施办法，明确跨部门医疗机构设置申请审批首家受理窗口负责工作机制，明确各审批环节时限要求。规范审核评价。各级卫生健康行政部门（含中医药主管部门）依法实时受理医疗机构级别、诊疗科目变更申请，在法定时间内办结，提高审批效率。进一步放宽规划限制。政府对社会办医区域总量和空间布局不作规划限制。乙类大型医用设备配置实行告知承诺制，取消床位规模要求。发挥三级公立医院带动作用。各地要完善医联体网格化布局，社会办医可以选择加入，综合力量或者专科服务能力较强的社会办医可牵头组建医联体，鼓励适度竞争。

## 二、法制不完善成为制约社会办医发展的重要因素之一

上述政策的出台，为推动我国社会办医事业发展发挥了重要的鼓励和引导作用。尽管我国社会办医已取得了长足发展，但在整个医疗服务体系中所占份额仍不足两成，难以发挥应有的作用。统计显示，2018 年我国共有民营医院 2.10 万家，占我国医院总数的 63.55%；民营医院床位数 171.76 万张，占全国床位总数的 26.3%；诊疗人次达 5.3 亿人次，占全国总数的 14.8%；住院人次达 3666 万人次，占全国总数的 18.3%[①]。尽管我国社会办医已经取得了快速发展，但与政策目标之间仍有较大差距。一个重要的原因就是我国的社会办医是在政策推动下的社会办医，尽管中央和地方政府出台了一系列促进社会办医的政策文件，但现实中，社会办医仍时常遭遇政策上的“玻璃门”“弹簧门”。促进民办医疗发展过程中，由于政策的原则性规定，地方政府对中央政府促进社会办医政策规定的选择性执行和选择性不执行情况并不鲜见，也成为民办医疗发展中广受诟病的问题。同时，由于缺乏针对性监管及处罚方面的法律规定，也没有对民办医院监管的相关行政部门责任进行规定，这样导致的结果是相关行政执法部门缺乏明确的行政执法依据和监管职责。没有了公共行政执法部门的有效监管，加之我国相关行业自律组织发展也不甚完善，导致对民办

① 国家卫生健康委员会规划发展与信息化司. 2018 年我国卫生健康事业发展统计公报［R/OL］.（2019－05－22）［2020－09－25］. http：//www.nhc.gov.cn/guihuaxxs/s10748/201905/9b8d52727cf346049de8acce25ffcbd0.shtml.

医院的监管缺失或监管不力，民办医院参差不齐，最终损害的还是广大患者的健康权益。从国家出台的系统鼓励和促进社会资本办医的政策和实施效果看，通过政策手段鼓励和促进社会力量举办医疗卫生机构的作用和红利正在逐渐消退；而通过立法，以法治方式推进社会办医事业发展的呼声也越来越多。同时，以往出台的鼓励和促进社会办医的政策，尤其是一些地方政府出台的促进社会办医的部分政策和措施，具有试验和探索的性质。经过这些年的实践，通过立法将成功的经验上升为法律，将不适宜的做法通过法律明确禁止，也是医疗卫生界，尤其是社会办医疗卫生机构对基本医疗卫生与健康促进法立法的期盼。

## 三、基本医疗卫生与健康促进法为社会办医疗卫生机构发展提供全面法制保障

促进和规范社会办医是基本医疗卫生与健康促进法立法过程中一直重点关注的内容之一。在法律的起草过程中，就社会办医内容举行了多层次、多方面的调研和研讨，既吸取了深圳、重庆、云南、北京、上海等地方促进社会办医的立法经验，也将医改过程中促进社会办医的成熟政策上升为法律，对社会各界关于社会办医相关内容的建议和呼声作出了积极回应。具体内容如下。

### （一）保障社会办医疗卫生机构享有公平待遇

本法第四十一条规定：社会力量举办的医疗卫生机构在基本医疗保险定点、重点专科建设、科研教学、等级评审、特定医疗技术准入、医疗卫生人员职称评定等方面享有与政府举办的医疗卫生机构同等的权利。本法律条文将促进社会办医政策文件中关

于社会办医疗卫生机构在医保定点、学科建设、等级评审、技术准入等方面与政府举办的医疗卫生机构享有同等权利的政策上升为法律，充分保障社会办医疗卫生机构的平等权利。同时，本法还规定：社会力量举办的非营利性医疗卫生机构享受与政府举办的医疗卫生机构同等的税收、财政补助、用地、用水、用电、用气、用热等优惠政策。社会力量举办的非营利性医疗卫生机构将从税收、财政补助、用地等方面与政府举办的医疗卫生机构享有同等权利，这将极大地促进社会办非营利性医疗卫生机构的发展。

在我国以往出台的系列促进社会办医政策中，从最初关注税收优惠政策，到关注医保定点医疗机构准入，到关注学科建设、等级评审、技术准入、医疗卫生人员职称评定等方面，这些方面在本法中一次性进行了规定，不论政府举办的医疗卫生机构还是社会力量举办的医疗卫生机构，都应该平等对待。当然，社会力量举办的医疗卫生机构分为两种，一种是营利性，一种是非营利性，这两者从法律属性上是不一样的。营利性医疗卫生机构是以取得利润并分配给股东等出资人为目的成立的医疗卫生机构，而非营利性医疗卫生机构是为公益目的或者其他非营利目的成立，不向出资人、设立人或者会员分配所取得利润的医疗卫生机构。两者虽然都属于社会力量举办的医疗卫生机构，但其设立的初衷是有区别的，其公益性程度也是有区别的，其享受的政策优惠和扶持力度也应有所不同。对于社会力量举办的非营利性医疗卫生机构，其享受的政策优惠和扶持力度显然要比社会力量举办的营利性医疗卫生机构更高。因此，本法规定社会力量举办的非营利性医疗卫生机构享受与政府举办的医疗卫生机构同等的税收、财政补助、用地、用水、用电、用气、用热等优惠政策。规定社会力量举办的非营利性医疗卫生机构在财政补贴、用地这两个非常重要的方面享有与政府举办的医疗卫生机构同等的优惠政策，这是一项力度空前的制度安排，既体现了国家鼓励和引导社会力量举办非营利性医疗卫生机构的立法意图，也体现了国家以人民健康为中心，大力发展医疗卫生事业的制度安排。

### （二）控制政府举办医疗机构无序发展与扩张

本法第四十条第一款规定：政府举办的医疗卫生机构应当坚持公益性质，所有收支均纳入预算管理，按照医疗卫生服务体系规划合理设置并控制规模。政府举办的医疗卫生机构无限扩张，不仅会导致政府财政难以负担，也挤压了社会办医疗卫生机构的生存和发展空间，不利于多层次、多样化的医疗服务体系的构建与形成。2019 年6 月10 日，国家卫生健康委、发改委、市场监管总局、国家医保局等十部委联合印发《关于促进社会办医持续健康规范发展的意见》指出，要落实“十三五”期间医疗服务体系规划要求，严格控制公立医院数量和规模，为社会办医留足发展空间。基本医疗卫生与健康促进法明确要求合理设置并控制政府举办医疗卫生机构规模，从法律层面作出了硬性规定，有利于抑制政府举办医疗机构的无序发展和无限扩张。

同时，基本医疗卫生与健康促进法还规定：政府举办的医疗卫生机构不得与其他组织投资设立非独立法人资格的医疗卫生机构，不得与社会资本合作举办营利性医疗卫生机构（第四十条第三款）。该法律条文的规定既能保障政府举办医疗卫生机构的公益性，同时也对政府举办的医疗卫生机构与社会资本合作举办营利性医疗卫生机构作出了禁止性规定，为政府举办的医疗卫生机构与社会资本合作举办医疗卫生机构方面画下了红线。

政府举办的医疗卫生机构是由政府出资设置，并承担举办、监督、管理、运行责任的医疗卫生机构，是作为政府保障广大人民群众健康权的重要制度安排。政府举办医疗卫生机构属于非营利性医疗机构，当然应坚持公益性质。是否允许政府举办的医疗卫生机构与社会资本合作举办营利性医疗卫生机构，在基本医疗卫生与健康促进法审议过程中，曾存在两种意见①。第一种意见是基于目前社会资本在卫生与健康领域发展的实际情况分析，认为允许政府举办的医疗卫生机构与社会资本合作举办营利性医疗卫生机构，可以在现阶段鼓励和吸引社会资本投资，增加卫生与健康服务供给，提升服务能力和水平，满足人民群众多样化、个性化的医疗服务需求。同时，实践中也有不少公立医院与社会资本合作举办营利性医疗卫生机构的情况。因此，建议允许政府举办的医疗卫生机构与社会资本合作举办营利性医疗卫生机构。第二种意见认为必须明确政府举办的公立医疗卫生机构不得与社会资本举办营利性医疗卫生机构。一是坚持政府举办医疗卫生机构的公益性，坚决贯彻落实习近平总书记关于“要坚持基本医疗卫生事业的公益性”“要毫不动摇把公益性写在医疗卫生事业的旗帜上”的要求。二是公立医院是政府向人民群众提供基本医疗卫生服务的核心力量，是社会主义制度优越性的具体体现，具有公

① 袁杰，丁巍，赵宁．中华人民共和国基本医疗卫生与健康促进法释义［M］．北京：中国民主法制出版社，2020：111.

益性。三是目前社会上对社会资本与公立医院合作举办何种性质的医疗机构认识不清，实践中出现了一些问题，存在道德风险和廉政风险，应当及时统一思想，并在法律和政策上予以明确规定，正本清源。全国人大法工委书面征求了地方人大、中央有关部门、立法联系点等单位意见，并进行了专题调研，多次赴广东、上海、北京等地进行调研，多方面听取意见，最终的法律文本采纳了第二种意见①。

### （三）为社会办医疗机构与政府举办医疗卫生机构开展业务合作提供了法制保障

本法第四十一条规定：国家采取多种措施，鼓励和引导社会力量依法举办医疗卫生机构，支持和规范社会力量举办的医疗卫生机构与政府举办的医疗卫生机构开展医疗业务、学科建设、人才培养等合作。明确了政府举办的优质医疗机构、品牌医院可以与社会办医疗机构开展业务、学科、人才培养方面的合作。同时，发展得好，有一定技术优势和品牌的社会办医疗机构也可以与基层医疗卫生机构、技术力量薄弱的政府办医疗卫生机构开展合作，帮助其发展。这些合作方式的开展受法律保护。

2019 年 6 月 10 日，国家卫生健康委、发改委、市场监管总局、国家医保局等十部委联合印发《关于促进社会办医持续健康规范发展的意见》指出，要探索医疗机构多种合作模式。支持社会办医与公立医院开展医疗业务、学科建设、人才培养等合作，

---

① 袁杰，丁巍，赵宁．中华人民共和国基本医疗卫生与健康促进法释义［M］．北京：中国民主法制出版社，2020：111.

倡导开展各类医疗机构广泛协作、联动、支持模式试点，并建立合理的分工与分配机制，各地要出台规范合作的具体办法，国务院有关部门要加强指导。本法关于支持和规范社会力量举办的医疗卫生机构与政府举办的医疗卫生机构开展医疗业务、学科建设、人才培养等合作的规定，是将医改中的成熟经验上升为法律上的制度安排。

尽管在国家政策的持续支持下，我国的社会办医事业取得发展，但总体而言，实力不足、规模偏小，在整个医疗服务体系所占份额仍不足两成，难以发挥应有的作用。当前，民营医院总数占我国医院总数的一半以上，但总体技术实力和服务水平仍很不足。在国家法律和政策都明确要求要严格控制公立医院数量和规模的特定条件下，研究公立医院与社会资本合作，应集中在如何通过公立医疗机构与现有的社会力量举办医疗机构的合作，提高现有社会办医疗机构的管理能力、技术实力和服务水平，而不是与更多社会资本共同举办更多新的医疗卫生机构。公立医院是我国医疗服务体系的主体，与社会办医院相比，具有技术、管理、品牌方面的强大优势。促进公立医院与社会力量合作办医，是促进我国医疗服务供给侧改革，实现医疗服务提供多元化，满足人民群众多层次、多样化的医疗服务需求的重要途径。四川大学华西医院上锦分院、湘雅博爱康复医院、湘雅泰和医院、上海交通大学医学院附属苏州九龙医院、北大国际医院等公立医院与社会力量合作办医的实践，既有失败的案例，也有成功的经验。

许多民营医院为了提升自己的医疗质量、技术水平、品牌影响力，与知名公立医院合作的意愿非常强烈。公立医院，尤其是有品牌、有技术的龙头公立医院，成为民营医院开展合作的追逐目标。一些公立医院为了事业发展，也愿意和民营医院合作，帮助民营医院提高医疗水平和服务质量。但公立医院作为政府举办的事业单位，各种业务活动受政府主管部门的领导、指导和监管。公立医院与民营医院合作，尤其是合作举办新的医疗机构、对民营医院全面进行托管等实质、深度合作的形式，对许多公立医院而言是一种新的业务形式。开展这类业务会不会存在法律、政策、监管方面的风险？这是所有拟与民营医院合作的公立医院的领导所关心的问题，为稳妥起见，公立医院的领导会希望得到上级主管部门的同意或批准。这时候，问题就被推动到政府主管部门手里。尽管政府已经出台政策文件，鼓励公立医院通过人才培养、委托管理、技术支援、购买服务等模式与社会办医疗卫生机构建立协议合作关系，但并没有明确的法律依据，政府主管部门也拿不准哪种情形应该同意，哪种情形不应该同意，这些方面不明确，导致政府主管部门在碰到具体合作案例时，面临审批困境。本法明确规定支持和规范社会力量举办的医疗卫生机构与政府举办的医疗卫生机构开展医疗业务、学科建设、人才培养等合作，就通过法律规定，明确政府举办的医疗卫生机构可以与社会力量举办的医疗机构开展合作，合作的形式包括医疗业务、学科建设、人才培养等，给公立医疗机构的领导以定心丸，同时也给相关的政府备案或审批部门提供明确的法律指引。当然，社会力量举办的医疗卫生机构与政府举办的医疗卫生机构的合作既要支持，也要规范，要有规范的合作内容和程序。

### （四）规范非营利性医疗卫生机构监督管理

针对非营利性医疗卫生机构在某些方面监管不规范、不全面等问题，基本医疗卫生与健康促进法作出了明确规定。本法第三十九条规定：非营利性医疗卫生机构不得向出资人、举办者分配或者变相分配收益。本法第八十六条规定：县级以上人民政府卫生健康主管部门对医疗卫生行业实行属地化、全行业监督管理。同时，在法律责任章节的第一百条规定：违反本法规定，有下列行为之一的，由县级以上人民政府卫生健康主管部门责令改正，没收违法所得，并处违法所得二倍以上十倍以下的罚款，违法所得不足一万元的，按一万元计算；对直接负责的主管人员和其他直接责任人员依法给予处分。而非营利性医疗卫生机构向出资人、举办者分配或变相分配收益就是该法条规定的三种情形之一。针对非营利性医疗卫生机构监管问题，该法既规定了卫生健康主管部门的主管责任，也明确规定了非营利性医疗卫生机构不得向出资人、举办者分配或变相分配收益，并对上述违法行为规定了明确的处罚措施。

2019 年 6 月，十部委联合印发《关于促进社会办医持续健康规范发展的意见》，要求切实贯彻“谁审批、谁监管，谁主管、谁监管”和“双随机、一公开”原则，卫生健康主管部门和有关部门要根据医疗卫生行业综合监管部门职责分工，严格落实部门监管责任。各级卫生健康主管部门要做好对社会办医的行业监管工作与服务，加强医疗卫生服务投诉举报平台建设，加大对举报违法行为的奖励力度，提高行业服务和监管水平，促进社会办医健康规范发展。严厉打击医疗机构价格违法行为。强化定点医疗机构协议管理，医保经办机构对违反协议的医疗机构实行退出机制。严厉打击欺诈骗取医保基金行为。发挥医疗保险对医疗行为制约监督作用。加大医疗行业违规行为处罚力度，要让严重违规者付出沉重代价，真正形成震慑。卫生健康主管部门要将社会办医纳入医疗质量监测体系，建设完善医疗服务监管信息平台，建立医疗服务全程实时监管机制，监管结果及时反馈医疗机构，并以适当方式向社会公布。各部门相关处罚信息统一纳入全国信用信息共享平台，形成可免费公开查阅的公共信用记录。上述对社会办医疗卫生机构的监管要求，是对基本医疗卫生与健康促进法关于健全社会办医疗卫生机构监督管理等法律原则和法律规定的细化，对上述规定的执行也是推进基本医疗卫生与健康促进法实施的具体措施。

总体而言，基本医疗卫生与健康促进法作为我国卫生健康领域的首部基础性、综合性法律，鼓励、支持、规范社会办医是本法规制的重要方面，从相关法律条款不难看出，本法对社会办医的保障力度空前，将为我国社会办医疗卫生机构的发展提供强有力的法制保障，极大地促进我国社会办医疗卫生机构的发展。同时，也对社会办医疗卫生机构的监管作出了明确规定。

## 第 11 篇

# 营造尊医重卫法制环境

■曹艳林

尊重医疗卫生人员是一个正常社会的基本道德要求，调动广大医护人员的积极性是我国医药卫生体制改革能否成功的关键。自 2020 年 6 月 1 日起施行的《中华人民共和国基本医疗卫生与健康促进法》是我国卫生健康领域首部基础性、综合性法律，将为我国卫生健康事业发展和营造尊医重卫的社会环境提供全面、系统的法律指引和保障。2016 年 8 月 19 日，全国卫生与健康大会召开，中共中央总书记、国家主席习近平用“敬佑生命、救死扶伤、甘于奉献、大爱无疆”这 16 个字，概括了卫生与健康工作者的崇高职业精神，体现了党和国家对医疗卫生队伍长期以来艰辛付出、卓越贡献的高度赞扬和充分肯定，也体现了医疗卫生人员在健康中国建设中的特殊作用和重要地位①。2017 年 11 月 3 日，经国务院批准，自 2018 年起，每年的 8 月 19 日设立为“中国医师节”，对于医疗卫生人员来说，这是一件具有里程碑意义的大

① 袁杰，丁巍，赵宁．中华人民共和国基本医疗卫生与健康促进法释义［M］．北京：中国民主法制出版社，2020：124.

事。本法通过多个法律条文，彰显了尊医重卫的重要性，为营造尊医重卫法制环境奠定了基础。

## 一、明确规定医疗卫生人员人身安全、人格尊严不受侵犯，全社会应当尊重医疗卫生人员

本法第五十七条规定：全社会应当关心、尊重医疗卫生人员，维护良好安全的医疗卫生服务秩序，共同构建和谐医患关系。医疗卫生人员的人身安全、人格尊严不受侵犯，其合法权益受法律保护。禁止任何组织或者个人威胁、危害医疗卫生人员人身安全，侵犯医疗卫生人员人格尊严。国家采取措施，保障医疗卫生人员执业环境。尽管我国执业医师法规定全社会应当尊重医师，医师依法履行职责，受法律保护，但法律明确规定医疗卫生人员人身安全、人格尊严不容侵犯，全社会应当尊重医疗卫生人员等，在我国还是首次。本法从法律层面宣示了医疗卫生人员的地位和尊严，将为营造全社会尊医重卫的社会环境奠定基础。

医疗卫生人员是我国医疗卫生事业发展的核心力量，是医疗卫生事业建设的主力军。经过多年努力，我国医疗卫生事业发展取得了显著成就。广大医疗卫生人员弘扬“敬佑生命、救死扶伤、甘于奉献、大爱无疆”的崇高职业精神，全心全意为人民健康服务，为我国卫生健康事业发挥了非常重要的作用。特别是在面对重大传染病疫情威胁，抗击重大自然灾害时，广大医务卫生人员临危不惧、义无反顾、勇往直前、舍己救人，赢得了全社会的高度赞誉。然而，由于各方面原因，我国的医疗服务能力和保障水平与人民群众不断增长的医疗服务需求之间仍存在一定差距，

医疗卫生人员的执业环境还不理想。据2018年中国医师协会的调查，有62%的医师认为执业环境没有改善，50%的医护人员认为工作没有得到社会认可，62%的医师发生过不同程度的医疗纠纷，66%的医师经历过不同程度的医患冲突。[①] 一段时期以来，个别地方相继发生暴力杀医、伤医以及在医疗机构聚众滋事等违法犯罪行为，严重扰乱了正常医疗秩序，侵害了人民群众的合法利益。良好的医疗秩序是社会和谐稳定的重要体现，也是增进人民福祉的客观要求。习近平总书记指出，各级党委、政府和全社会要关心和爱护医务人员，形成尊医重卫的良好氛围。本法将关心和尊重医疗卫生人员，共同构建和谐医患关系写入法律，并明确规定医疗卫生人员的人身安全、人格尊严不受侵犯，是为了更好地保障医疗卫生人员的权益。只有医疗卫生人员的权益得到保障，尊严受到尊重的情况下，才能真正调动广大医疗卫生人员的积极性和热情，为健康中国建设提供源源不竭的动力。本法还明确规定禁止任何组织或者个人威胁、危害医疗卫生人员人身安全，侵犯医疗卫生人员人格尊严。在整部基本医疗卫生与健康促进法中，“禁止”一词一共出现了3次，分别是：禁止伪造、变造、买卖、出租、出借医疗机构执业许可证；禁止任何组织或者个人威胁、危害医疗卫生人员人身安全，侵犯医疗卫生人员人格尊严；禁止向未成年人出售烟酒。由此可见，我国立法机关在本法的立法过程中，对医疗卫生人员权益保护的重视，对威胁、危害医疗卫生

① 袁杰，丁巍，赵宁．中华人民共和国基本医疗卫生与健康促进法释义［M］．北京：中国民主法制出版社，2020：136.

人员人身安全，侵犯医疗卫生人员人格尊严等行为的严厉打击态度。

## 二、明确医疗卫生机构执业场所为公共场所，保障医疗卫生秩序

本法第四十六条规定：医疗卫生机构执业场所是提供医疗卫生服务的公共场所，任何组织或者个人不得扰乱其秩序。医疗卫生机构作为保障人民群众生命健康权益的场所，一直具有公共场所属性，但由于以往的各种原因，国家并没有从法律上规定医疗卫生机构为公共场所。这就在一定程度上导致了一些地方在发生医疗纠纷时，冲击、打砸医疗卫生机构，侮辱、伤害医疗卫生工作人员的事件时有发生，严重伤害了医疗卫生秩序和医疗卫生人员的感情和尊严。基本医疗卫生与健康促进法明确将医疗卫生机构执业场所规定为公共场所，将有利于公安部门公正、严格执法，有利于维护医疗卫生机构秩序，保障医疗卫生人员人身安全和执业尊严。

自 2006 年 3 月 1 日起施行的《中华人民共和国治安管理处罚法》第二十三条规定有下列行为之一的，处警告或者 200 元以下罚款；情节较重的，处 5 日以上 10 日以下拘留，可以并处 500 元以下罚款：（一）扰乱机关、团体、企业、事业单位秩序，致使工作、生产、营业、医疗、教学、科研不能正常进行，尚未造成严重损失的；（二）扰乱车站、港口、码头、机场、商场、公园、展览馆或者其他公共场所秩序的。该法以列举的形式界定公共场所为车站、港口、码头、机场、商场、公园、展览馆或者其他公

共场所，并不包括医院，对其他公共场所也未作进一步说明。自2004 年 12 月 1 日起施行的《企业事业单位内部治安保卫条例》明确规定事业单位进行内部治安保卫工作，由单位的主要负责人对本单位的内部治安保卫工作负责，保护公民人身、财产安全和公共财产安全，维护单位的工作、生产、经营、教学和科研秩序。医疗卫生机构执业场所没明确为公共场所之前，在发生医疗纠纷时，公安部门通常不会马上出警，而是按照《企业事业单位内部治安保卫条例》规定，先由医疗机构自行处理。医疗卫生机构是为了维护广大人民群众的健康权益而设立的，其执业场所本身就具有公共性。医疗卫生机构，尤其是大型医疗机构，每天都有大量的患者及其家属聚集，为了保障医疗卫生机构执业场所的安全和有序，将其明确为法律上的公共场所非常必要。医疗卫生机构的人员大多为医疗专业技术人员，他们的专长是治病救人，不是维护社会稳定及有序运行。将医疗卫生机构执业场所规定为公共场所，把维护医疗卫生机构安全、秩序的职责交由公安部门承担，实际上是让专业的人干专业的事。任何组织或者个人不得扰乱其秩序，对公安部门就发生在医疗卫生机构的暴力伤医、聚众滋事等违法犯罪行为处理上提出了更高的要求，将有利于公安部门公正、严格执法，更好地保障医疗卫生机构执业场所的秩序与安全，为广大医疗卫生人员提供一个安全、稳定、有序的执业环境。

## 三、规定国家建立健全符合医疗卫生行业特点的人事、薪酬制度，保障医疗卫生人员工资待遇

本法第五十五条规定：国家建立健全符合医疗卫生行业特点的人事、薪酬、奖励制度，体现医疗卫生人员职业特点和技术劳动价值。医疗卫生行业技术难度高，医疗卫生人员培养周期长、工作压力大、工作任务重、风险高，理应建立与之相适宜的薪酬制度，才能保障医疗卫生人员安心工作，才能体现国家、社会对医疗卫生人员价值的认可和尊重。此外，法律还规定，对从事传染病防治、放射医学和精神卫生工作以及其他在特殊岗位工作的医疗卫生人员，应当按照国家规定给予适当的津贴，并且应当定期调整津贴标准。国家建立医疗卫生人员定期到基层和艰苦边远地区从事医疗卫生工作制度，对在基层和艰苦边远地区工作的医疗卫生人员，在薪酬津贴、职称评定、职业发展、教育培训和表彰奖励等方面实行优惠待遇。这些是对医疗卫生人员中有特殊执业风险和特殊贡献的人员给予更加适宜的薪酬待遇政策。

2016 年发布的《国务院深化医药卫生体制改革领导小组关于进一步推广深化医药卫生体制改革经验的若干意见》就曾要求建立符合行业特点的人事薪酬制度，调动医务人员积极性。该意见从建立灵活的用人机制和推进薪酬制度改革两个方面作出了要求。在建立灵活的用人机制方面，要求创新公立医院编制管理方式，完善编制管理办法，积极探索开展公立医院编制管理改革试点；在地方现有编制总量内，确定公立医院编制总量，逐步实行备案制，在部分大中城市三级甲等公立医院开展编制管理改革，实行

人员总量管理试点；实行聘用制度、岗位管理制度、公开招聘制度等人事管理制度；简化专业技术人员招聘程序，对医院紧缺的专业技术人员或高层次人才可按规定由医院采取考察的方式予以招聘；增加基层医疗卫生机构中、高级岗位比例，拓宽医务人员职业发展空间。在推进薪酬制度改革方面，要求各地结合实际，按有关规定合理确定公立医院薪酬水平，逐步提高人员经费支出占业务支出的比例；对工作时间之外劳动较多、高层次医疗人才集聚、公益目标任务繁重、开展家庭医生签约服务的公立医疗机构，在核定绩效工资总量时予以倾斜；加强对医务人员的长期激励，建立以公益性为导向的绩效考核机制，薪酬在保持现有水平的基础上实现适度增长；公立医疗机构在核定的绩效工资总量内根据考核结果自主分配绩效工资，薪酬总量核定和个人绩效工资分配不与医疗机构的药品、耗材、大型医学检查等业务收入挂钩，薪酬分配体现岗位的技术含量、风险、贡献等；基层医疗卫生机构可按照财务制度规定在核定的收支结余中提取职工福利基金和奖励基金。

《“十三五”全国卫生计生人才发展规划》规定，允许医疗卫生机构突破现行事业单位工资调控水平，允许医疗服务收入扣除成本并按规定提取各项基金后主要用于人员奖励，同时实行同岗同薪同待遇。本法关于医疗卫生人员的人事、薪酬、奖励制度的规定，是体现国家尊医重卫制度安排的重要方面。

## 四、强调医疗卫生人员及行业组织自尊自律

本法第五十一条规定：医疗卫生人员应当弘扬“敬佑生命、

救死扶伤、甘于奉献、大爱无疆”的崇高职业精神，遵守行业规范，恪守医德，努力提高专业水平和服务质量。医疗卫生行业组织、医疗卫生机构、医学院校应当加强对医疗卫生人员的医德医风教育。医疗卫生人员从事的是人命关天的职业，责任极其重大，要求自然非常严格。医疗卫生人员是唯一获得法律授权可以给人看病、诊断、治疗的职业群体，这是法律对医务人员最大的信任与尊重。能力越大，责任越大；而责任越大，要求也越高。普通公民如果给人实施医疗行为，轻则受到行政处罚，重则按照非法行医罪论处。非医疗卫生人员如果对人体实施侵入性行为，会被按照故意伤害罪处罚，而医务人员则是正常的医疗行为。这些都是法律赋予医务人员的权益，也是法律、社会对医务人员的信任，这样必然要求医疗卫生人员应当有更高的职业精神和道德要求。一个行业要想获得社会的普遍尊重，必然是一个自我要求高、行业自律严的行业。上述法律条文的规定，既是对医疗卫生人员职业精神的要求，也是保障医疗卫生人员受到社会普遍尊重的基础。

在基本医疗卫生与健康促进法审议过程中，关于是否应将医疗卫生人员应当弘扬“敬佑生命、救死扶伤、甘于奉献、大爱无疆”的崇高职业精神在法律中明确规定，曾有医师提出不同的意见，认为将道德规定写进法律里，尤其是将救死扶伤、甘于奉献、大爱无疆作为医务人员的职业要求写在法律里，是对医务人员的职业精神提出的苛刻要求，担心会诱导患者和普通公众对医务人员的执业行为提出更为过分的要求。通过后来的实践和调研，大部分的医务人员认为对医疗卫生人员提出弘扬“敬佑生命、救死扶伤、甘于奉献、大爱无疆”的崇高职业精神目标是对的。并且，通过本次新冠肺炎疫情的检验，我们国家的医务人员主体是非常好的，绝大多数医务人员是担当得起“敬佑生命、救死扶伤、甘于奉献、大爱无疆”的崇高职业精神评价的。这些规定体现了本法在构建尊医重卫法制环境背后，对社会价值观的法律指引和追求。

## 五、建立医疗风险分担机制，为医疗卫生人员执业免除后顾之忧

该法第四十七条规定：国家完善医疗风险分担机制，鼓励医疗机构参加医疗责任保险或者建立医疗风险基金，鼓励患者参加医疗意外保险。医疗行业是高知识、高风险行业，在与疾病斗争的过程中，有时候尽管医患都尽了最大努力，双方都没有过错，但仍然可能出现人去钱光的情形。这种风险可以降低，但不可能完全避免。为了在与疾病作斗争的过程中，尽量将风险降低，对风险进行合理分担，基本医疗卫生与健康促进法明确规定了国家完善医疗风险分担机制，鼓励医疗机构参加医疗责任保险或者建立医疗风险基金，鼓励患者参加医疗意外保险。这些规定将有利于构建一个较为完善的医疗风险分担体系，尽可能地化解医疗风险责任，为医务人员合理诊疗，尽全力与疾病作斗争，尽全力抢救病人等解除了后顾之忧，也使当医疗意外发生时，病人家属可以得到一定的经济补偿。这将有利于构建和谐的医患关系，也将为构建尊医重卫的社会环境提供物质基础。

医疗损害风险是客观存在的，与医疗基础条件、医疗技术的发展水平、医务人员的职业素养、患者的就医期望等密切相关。

医疗损害风险可以降低，但不可能绝对避免[①]。既然医疗风险不可能绝对避免，建立一套合理的医疗风险分担机制就显得非常必要。本法规定国家完善医疗风险分担机制，就是要求各级政府要作为医疗风险分担机制完善的责任主体，要在现有的医疗风险分担机制的基础上，积极探索新的医疗风险分担体制和机制，创新医疗风险分担的模式和实践，使我国的医疗风险分担机制更趋合理、更趋完善。同时，本法还规定，鼓励医疗机构参加医疗责任保险或者建立医疗风险基金，鼓励患者参加医疗意外保险，就是将医疗责任保险、医疗风险基金、医疗意外保险作为医疗风险分担机制的重要方式，各地可以结合实际，实施一种或多种上述的医疗风险分担方式，构建适合当地特色的医疗风险分担体系。

2014 年，国家卫生计生委、司法部、财政部、中国保监会、国家中医药管理局印发了《关于加强医疗责任保险工作的意见》，要求各地统一组织、积极推动各类医疗机构，特别是公立医疗机构参加医疗责任保险。据统计，全国有 11 万余家医疗机构参加了医疗责任保险，北京、江苏等 20 余个省份建立了调保衔接工作模式。医疗意外保险与医疗责任保险一样，也是由保险公司直接经营的商业保险产品，但其被保险人是直接接受医疗服务的患者，保险的责任范围是患者自身所面临的人身伤害风险。我国许多地区曾经开展一些完全由病人筹资的医疗意外保险，如母婴平安保险、人工流产平安保险、手术平安保险、精神病人住院意外伤害

---

① 文学斌，曹艳林，田勇泉，等．中国医疗损害风险分担机制现状及对策[J]．中南大学学报（医学版），2015，40（1）：113.

保险等，这些险种受到病人及其家属的欢迎。北京的一些医院已经开展医疗意外险多年，获得了医院和患者的肯定。总之，无论是医疗责任保险、医疗风险基金，还是医疗意外保险，都是为了保障医患双方的合法权益，促进和谐医患关系的构建与形成。本法通过对国家完善医疗风险分担机制，鼓励医疗机构参加医疗责任保险或者建立医疗风险基金，鼓励患者参加医疗意外保险的规定，从医疗风险管理的角度，为构建具有我国特色的医疗风险管控体系提供了法律指引，有利于和谐医患关系的构建与形成。

基本医疗卫生与健康促进法作为我国卫生健康领域首部基础性、综合性法律，已经就医疗机构秩序维护，医疗卫生人员人身安全、人格尊严保护作出全面的法律指引。法律的生命在于实践，如何将上述规定通过严格执法，公正司法，真正贯彻实施，将是关键。

# 第 12 篇

# 构建医疗卫生综合监督管理体系

■宋大平

医疗卫生综合监管制度是深化医药卫生体制改革的五项基本医疗卫生制度之一。建立严格规范的医疗卫生综合监管制度，是全面建立中国特色基本医疗卫生制度、推进卫生治理体系和治理能力现代化的重要内容。继国务院办公厅《关于改革完善医疗卫生行业综合监管制度的指导意见》（国办发〔2018〕63 号）对医疗卫生综合监管制度建设作出顶层设计之后，基本医疗卫生与健康促进法对构建医疗卫生综合监督管理体系提供了更为高阶的立法保障。

## 一、引导形成新时期医疗卫生综合监管格局

党的十八届三中全会以来，医疗卫生全行业监管、医疗费用管控作为统筹推进相关领域改革的重要内容，在深化医药卫生体制改革进程中不断推进。自 2016 年全国卫生与健康大会将综合监管制度纳入五项基本医疗卫生制度，医疗卫生综合监管体系建设进入快车道。“部门联动、执法监督”与“政府放管服、行业自

律、机构自治、社会参与”相结合，信息公开与信息披露、信用体系、信息化与风险评估等相助力，医疗卫生要素准入、质量安全、机构人员、行业秩序、产业发展等全过程受监管的长效机制从无到有逐渐成形，并日臻完善。各类监管机制与监管手段不断创新，持续为医疗卫生综合监管制度建设注入活力。政府“放管服”改革进程稳步推进，事前审批和事中事后监管持续对接，卫生健康领域各主体办事获得更多便利，行业组织逐步承担行业监管职能，医疗卫生机构承担主体责任，社会监督机制日趋完善，医疗卫生综合监管效能持续提升。

本法进一步对医疗卫生综合监管体系作出立法保障。第八十六条第一款对“建立健全机构自治、行业自律、政府监管、社会监督相结合的医疗卫生综合监督管理体系”作出概括性规定，多个条款对医疗卫生综合监管的主体定位及协调分工、监管机制及方式等作出具体规定，进一步引导形成国务院办公厅《关于改革完善医疗卫生行业综合监管制度的指导意见》（国办发〔2018〕63 号）提出的“政府主导、综合协调，依法监管、属地化全行业管理，社会共治、公开公正”的新时期医疗卫生综合监管格局。

## 二、发挥政府主导作用，加强综合协调

政府监管在医疗卫生综合监管中发挥龙头作用。制定完善卫生健康相关主管部门的权责清单，部门依法担责履职并加强跨部门协调配合，保留核心权责的同时深化“放管服”改革，以法的形式强化政府履职失当的处置，是构建新时期医疗卫生综合监管格局的重要基础。

## （一）明确卫生健康领域的政府责任

国务院办公厅《关于改革完善医疗卫生行业综合监管制度的指导意见》（国办发〔2018〕63号）明确规定充分发挥政府在法治建设、行业规划、标准制定、行业准入、行政执法等方面的主导作用，同时规定制定完善部门权责清单，明确监管职责，坚持谁审批、谁监管，谁主管、谁监管。本法进而以法的形式明确了卫生健康领域的政府责任，并且规定了履职不力的法律责任。

第七条对卫生健康领域政府责任作了概括性规定，提出国务院和地方各级人民政府领导医疗卫生与健康促进工作，国务院卫生健康主管部门负责统筹协调全国医疗卫生与健康促进工作，国务院其他有关部门在各自职责范围内负责有关的医疗卫生与健康促进工作。县级以上地方人民政府卫生健康主管部门负责统筹协调本行政区域医疗卫生与健康促进工作。县级以上地方人民政府其他有关部门在各自职责范围内负责有关的医疗卫生与健康促进工作。

第十六条第二款、第二十七条第二款、第六十五条第二款、第八十六条第二款、第九十一条、第九十三条至第九十五条继而规定了卫生健康主管部门的具体责任。第九十四条为开展医疗卫生行政执法工作；第八十六条第二款是对医疗卫生行业实行属地化、全行业监督管理；第九十五条是积极培育医疗卫生行业组织，发挥其在医疗卫生与健康促进工作中的作用，支持其参与行业管理规范、技术标准制定和医疗卫生评价、评估、评审等工作；第九十一条是建立医疗卫生机构绩效评估制度，吸收行业组织和公众参与，组织对医疗卫生机构的服务质量、医疗技术、药品和医用设备使用等情况进行评估；第六十五条第二款是根据技术的先进性、适宜性和可及性，编制大型医用设备配置规划，促进区域内医用设备合理配置、充分共享。

第八十七条规定医疗保障主管部门提高医疗保障监管能力和水平，对纳入基本医疗保险基金支付范围的医疗服务行为和医疗费用加强监督管理，确保基本医疗保险基金合理使用、安全可控。

**（二）保障部门配合与沟通协商**

医疗卫生综合监管涉及多部门职责，须建立科学、高效的协调机制。国务院办公厅《关于改革完善医疗卫生行业综合监管制度的指导意见》（国办发〔2018〕63 号）提出建立由卫生健康行政部门牵头、有关部门参加的综合监管协调机制，建立健全信息共享、相互衔接、协同配合的监管协调机制。

本法进一步对部门配合和沟通协商作了保障。第八十八条规定建立卫生健康、医疗保障、药品监督管理、发展改革、财政等部门沟通协商机制，加强制度衔接和工作配合，提高医疗卫生资源使用效率和保障水平。另有多个条款对共同推进相关卫生健康工作的政府职责作了规定，如第十六条第二款、第二十七条第二款、第九十三条规定了卫生健康主管部门与其他部门共同承担相关职责；第十六条第二款为会同财政部门、中医药主管部门等共同确定国家基本公共卫生服务项目；第二十七条第二款为同红十字会等有关部门、组织一道开展急救培训，普及急救知识，鼓励医疗卫生人员、经过急救培训的人员积极参与公共场所急救服务；第九十三条是与医疗保障主管部门共同建立医疗卫生机构、人员信用记录制度；第八十五条第三款规定医疗保障主管部门听取国务院卫生健康主管部门、中医药主管部门、药品监督管理部门、财政部门等有关方面的意见，对纳入支付范围的基本医疗保险药品目录、诊疗项目、医疗服务设施标准等组织开展循证医学和经济性评价。

### （三）深入推进卫生健康领域"放管服"改革

在政府主导下，卫生健康领域简政放权、放管结合、优化服务改革深入推进。

2013 年以来，国家卫生健康委（国家卫生计生委）取消、下放和调整行政许可事项委本级 21 项，全面清理行政审批中介服务事项，全面取消非行政许可事项和带有许可性质的事项，清理规范行政事业性收费，取消预防性体检收费，停征卫生检测费、委托性卫生防疫服务费。建立权力清单制度，国家卫生健康委编制本级保留行政审批事项和审批中介服务事项清单，并在官网进行信息公开，各地制定并公开行政执法事项、卫生健康主管部门权责、公共服务、便民服务等清单。

开展医疗市场准入放管结合改革，如在符合规划总量和结构的前提下，取消对社会办医疗机构数量和地点的限制，所有诊所地点设置不受规划布局限制，中医诊所和养老机构内设医疗机构实行备案制，三级医院评审实行备案制，制定实施医学影像诊断中心、病理诊断中心等 10 类独立设置机构基本标准及管理规范。开展公立医院管理放管结合改革，如上海设立申康医院发展中心，承担市级公立医院的国有资产管理和运营、主要负责人聘任、医院管理体制和运行机制改革等职责。开展医务人员执业放管结合改革，如发布《医师执业注册管理办法》，实行医师区域注册制度，医师“一次注册、区域有效”。

卫生健康领域对各项行政审批事项的办理环节、申报材料、办理时限等进行整体大幅精简，开展“多证合一”“一口受理”“少见面”“零跑腿”“最多跑一次”等优化服务改革，全国范围内推开医疗机构、医师和护士电子化注册管理，实现“群众少跑腿、信息多跑路”，为卫生健康领域经济和社会主体办事增便利。

### （四）强化履职失当的法律处置

本法为卫生健康领域的政府依法履职构建了法律框架，并且设定了履职失当的法律处置。

政府不作为的，由约谈制对其进行处置。第九十条规定，县级以上人民政府有关部门未履行医疗卫生与健康促进工作相关职责的，本级人民政府或者上级人民政府有关部门应当对其主要负责人进行约谈。地方人民政府未履行医疗卫生与健康促进工作相关职责的，上级人民政府应当对其主要负责人进行约谈。被约谈的部门和地方人民政府应当立即采取措施，进行整改。约谈情况和整改情况应当纳入有关部门和地方人民政府工作评议、考核记录。

滥用职权、玩忽职守、徇私舞弊的，要承担相应法律责任。第九十八条规定，违反本法规定，地方各级人民政府、县级以上人民政府卫生健康主管部门和其他有关部门，滥用职权、玩忽职守、徇私舞弊的，对直接负责的主管人员和其他直接责任人员依法给予处分。

## 三、依法开展卫生健康执法监督工作，加强属地化、全行业监管

赋予卫生健康执法监督队伍合法身份，建立卫生健康执法监督的内部协调联动机制和外部协调配合机制，以横向分工监管为基础由上到下进行属地化监管，按照全行业要求开展医疗、医保、医药监管，是落实卫生健康领域政府责任的核心体现，是医疗卫生综合监管体系的核心环节。

### （一）明确卫生健康执法监督队伍的合法身份

卫生健康执法监督队伍是开展卫生健康执法监督的重要载体。本法第九十四条规定县级以上地方人民政府卫生健康主管部门及其委托的卫生健康监督机构，依法开展本行政区域医疗卫生等行政执法工作，明确赋予了卫生健康监督机构依法在本行政区域内开展执法监督工作的权力，结束了各地卫生健康监督机构性质不明确、卫生健康执法监督权力分散、工作队伍身份尴尬等现实问题，为卫生健康执法监督工作开创了新局面。

### （二）形成卫生健康执法监督合力

中央编办等六部门《关于进一步加强卫生计生综合监督行政执法工作的意见》（国卫监督发〔2015〕91 号）提出卫生健康、机构编制、财政、人力资源社会保障、公务员管理等主管部门须密切配合，并健全卫生健康行政执法与刑事司法衔接机制、建立完善卫生健康监督执法与党纪案件线索移送机制，形成执法监督合力。各地积极探索，多地已建立起卫生健康执法监督的内部协调联动机制和外部协调配合机制。如北京建立部门间信息通报和

联动机制；安徽整合划转相关部门的监督职责，在地市一级设立医改监督稽查局，与市医改办合署办公；江西、山东建立行刑衔接机制；河北卫生、文化广电新闻出版、工商、公安和通信等多部门建立执法监督协同共管机制；陕西卫生、食药监、医保、价格和审计等多部门建立联合监督检查机制；上海卫生、工商和通管等多部门建立联合惩戒机制。

### （三）加强属地化监管

属地化监管是理顺监管体制、提高监管效率的必然选择。国务院办公厅《关于改革完善医疗卫生行业综合监管制度的指导意见》（国办发〔2018〕63 号）提出所有医疗卫生机构不论所有制、投资主体、隶属关系和经营性质，均由所在地政府卫生健康行政部门（含中医药管理部门）实行统一监管。本法第八十六条第二款进一步赋予卫生健康属地化监管法律地位。

各地积极开展卫生健康属地化管理探索。如广西、四川开展执法监督属地管理。广西印发医疗卫生综合监督属地管理和执法重心下移文件；四川按照属地化管理原则建立行政执法级别管辖制度。福建、云南等地加强医疗机构属地化执法监督。福建明确政府办医疗卫生机构按照分级负责原则进行执法监督，国有企事业单位和集体举办的医疗卫生机构、民营医疗卫生机构由属地县级卫生行政部门实施执法监督；云南卫生监督机构按照属地管理原则对辖区内各类医疗机构进行全面检查；上海开展医疗美容机构的属地化监管；河南按照属地管辖原则，强化药品生产质量安全监管。

### （四）加强全行业监管

全行业监管是转变监管理念、提升综合监管能力的重要体现。国务院办公厅《关于改革完善医疗卫生行业综合监管制度的指导意见》（国办发〔2018〕63 号）提出按照全行业要求，深化转职能、转方式、转作风，提高效率效能，转变监管理念、体制和方式，从重点监管公立医疗卫生机构转向全行业监管。国务院《关于印发“十三五”深化医药卫生体制改革规划的通知》（国发〔2016〕78 号）对强化全行业综合监管作出要求，提出在医疗监管方面，健全医疗机构绩效考评制度，对医疗机构的基本标准、服务质量、技术水平、管理水平等进行综合评价，确保各医疗机构的功能任务符合医疗机构设置规划要求；强化临床路径管理，完善技术规范，提高诊疗行为透明度；加强对非营利性社会办医疗机构产权归属、财务运营、资金结余使用等方面的监督管理，加强对营利性医疗机构盈利率的管控，加强医疗养生类节目和医疗广告监管，促进社会办医健康发展等。在医保监管方面，加大对骗保欺诈等医保违法行为的惩戒力度，完善医疗保险对医疗服务的监控机制，将监管对象由医疗机构延伸至医务人员。在药品监管方面，强化药品质量监管，进一步规范药品市场流通秩序；加强药品注册申请、审批和生产、销售的全程监管，建立完善药品信息追溯体系，形成全品种、全过程完整追溯与监管链条；强化药品价格行为监管，加强对市场竞争不充分的药品和高值医用耗材的价格监管等。本法进一步构建了全行业监管体系。

在医疗监管方面，一是医疗卫生机构监管。第三十八条规定了医疗机构的审批或者备案标准，即有符合规定的名称、组织机构和场所，有与其开展的业务相适应的经费、设施、设备和医疗卫生人员，有相应的规章制度，能够独立承担民事责任，等等，并且规定医疗机构要依法取得执业许可证，禁止伪造、变造、买卖、出租、出借医疗机构执业许可证，各级各类医疗卫生机构的具体条件和配置应当符合国务院卫生健康主管部门制定的医疗卫生机构标准。第三十九条对医疗卫生机构分类管理作出规定，明确了以政府资金、捐赠资产举办或者参与举办的医疗卫生机构不得设立为营利性医疗卫生机构，医疗卫生机构不得对外出租、承包医疗科室，非营利性医疗卫生机构不得向出资人、举办者分配或者变相分配收益。第四十条规定政府举办的医疗卫生机构不得与其他组织投资设立非独立法人资格的医疗卫生机构，不得与社会资本合作举办营利性医疗卫生机构。第九十一条规定建立医疗卫生机构绩效评估制度，组织对医疗卫生机构的服务质量、医疗技术、药品和医用设备使用等情况进行评估，且评估结果应当以适当方式向社会公开，作为评价医疗卫生机构和卫生监管的重要依据。二是医疗卫生人员监管。第五十三条规定国家对医师、护士等医疗卫生人员依法实行执业注册制度，医疗卫生人员应当依法取得相应的职业资格。第五十四条规定医疗卫生人员应当遵循医学科学规律，遵守有关临床诊疗技术规范和各项操作规范以及医学伦理规范，使用适宜技术和药物，合理诊疗，因病施治，不得对患者实施过度医疗。医疗卫生人员不得利用职务之便索要、非法收受财物或者牟取其他不正当利益。第九十九条至第一百零二条进而对相应的法律责任作出规定。

在医保监管方面，第八十七条作出总体规定，要求提高医疗保障监管能力和水平，对纳入基本医疗保险基金支付范围的医疗服务行为和医疗费用加强监督管理，确保基本医疗保险基金合理使用、安全可控。第一百零四条进一步规定，以欺诈、伪造证明材料或者其他手段骗取基本医疗保险待遇，或者基本医疗保险经办机构以及医疗机构、药品经营单位等以欺诈、伪造证明材料或者其他手段骗取基本医疗保险基金支出的，由县级以上人民政府医疗保障主管部门依照有关社会保险的法律、行政法规规定给予行政处罚。

在医药监管方面，第六十二条规定建立健全药品价格监测体系，开展成本价格调查，加强药品价格监督检查，依法查处价格垄断、价格欺诈、不正当竞争等违法行为，维护药品价格秩序，并要求加强药品分类采购管理和指导。参加药品采购投标的投标人不得以低于成本的报价竞标，不得以欺诈、串通投标、滥用市场支配地位等方式竞标。第一百零三条进而明确了相应的法律责任。

## 四、构建社会共治、公开公正的监管新体系

在国家治理体系和治理能力现代化的历史新时期，传统的卫生执法监督和卫生行政管理与政府“放管服”改革、行业组织发展、社会公众参与公共政策过程等社会变革相碰撞，医疗卫生领域的经济和社会主体被赋予更多的自主性和监管主体责任要求，社会各界对于信息披露的期许，信用体系、信息化与风险评估的助力等，都促使医疗卫生监管向多元参与、社会共治转型。本法第八十六条提出的“机构自治、行业自律、政府监管和社会监

督”共同构成医疗卫生综合监管的社会共治格局，各主体各取所长，各司其职，协调配合，形成监管合力。此前国务院办公厅《关于改革完善医疗卫生行业综合监管制度的指导意见》（国办发〔2018〕63号）也作出相应要求，提出健全社会监督机制，全面推进信息公开，充分发挥信用体系的约束作用、行业组织的自律作用以及专业化组织、社会舆论和公众的监督作用。本法进一步对机构自治作出原则性要求，并对行业自律、信用约束、医患沟通、人大监督和社会监督作出具体规定。

（一）**开展机构自治**

目前在实践中医疗卫生机构日益对本机构依法执业、规范服务、服务质量和安全、行风建设等承担更多责任，逐步建立健全服务质量和安全、人力资源、财务资产、绩效考核等内部管理机制，按照健全现代医院管理制度的要求，制定医院章程，建立决策、执行、监督相互协调、相互制衡、相互促进的治理机制，自觉接受行业监管和社会监督。国家引导社会办医疗机构加强各环节自律，提高诚信经营水平。各地不断强化医疗卫生机构在监管中的主体责任，如宁夏在医疗机构设立公共卫生科，承担卫生监督管理职责；山东印发《关于开展法治医疗卫生机构创建工作的指导意见》，强化医疗卫生机构依法执业的责任意识；湖北在医疗卫生机构开展普法活动，并开展医疗机构依法执业技能大赛、“依法执业、责任在我”政策宣讲、“谁执法谁普法”等活动，提升医疗机构遵守法律法规、自我监督的意识。本法第八十六条进一步对医疗卫生综合监管体系中的机构自治作出原则性要求，引导医疗卫生机构健全完善自治体系，提高自治能力，改善治理效率。

（二）加强行业自律

国务院办公厅《关于改革完善医疗卫生行业综合监管制度的指导意见》（国办发〔2018〕63号）提出积极培育医疗卫生行业组织，引导和支持其提升专业化水平和公信力，在制定行业管理规范和技术标准、规范执业行为和经营管理、维护行业信誉、调解处理服务纠纷等方面更好发挥作用；探索通过法律授权等方式，利用行业组织的专业力量，完善行业准入和退出管理机制，健全医疗卫生质量、技术、安全、服务评估机制和专家支持体系。本法第九十五条进一步主张培育医疗卫生行业组织，支持其参与行业管理规范、技术标准制定和医疗卫生评价、评估、评审等工作，第九十一条规定行业组织参与医疗服务质量、医疗技术、药品和医疗设备使用等评估，为加强行业自律作出立法保障。

目前在国家层面，医疗卫生行业组织专业化水平和公信力不断提升，开始在制定行业管理规范和技术标准、规范执业行为和经营管理、维护行业信誉、调解处理服务纠纷等方面发挥更多作用，并探索通过法律授权等方式，完善医疗卫生行业准入和退出管理机制，健全医疗卫生质量、技术、安全、服务评估机制和专家支持体系。例如，2016年中国非公立医疗机构协会按照卫生健康委医疗机构依法执业专项监督检查工作安排，要求会员机构自查。2017年，在卫生健康委部署的打击非法医疗美容专项行动中，中国整形美容协会协助承担投诉举报受理、医疗美容科普知识宣传、起草医疗美容行业发展指导意见等任务，组织开展美容医疗机构评价评级，并联合中华医学会、中国医院协会、中国非公立医疗机构协会等发出倡议，倡导行业自律。

各地积极培育卫生健康领域的行业组织，健全完善行业组织章程。深圳成立医师协会、医院协会、非公立医疗机构协会等。山东指导省医学会、医师协会、医院协会、护理学会、预防医学会、中医药学会、计生协会完善章程。多地鼓励、支持具备资质的行业组织承担政府职能转移事项。广东省医学会 96 个专科分会协助卫生行政部门制定《广东省常见病诊疗规范》《广东省检验类项目主流检验方法论证指标体系》等技术标准，并进行准入审核、质控监管、组织总结培训等工作。深圳将医师、护士执业注册、多点执业备案事项移交市医师协会。宁夏引导医学会等行业组织，在制定行业管理规范和技术标准、规范执业行为和经营管理、维护行业信誉、调节处理服务纠纷方面更好地发挥作用。

### （三）发挥信用机制作用

第九十三条倡导建立医疗卫生机构、人员等信用记录制度，纳入全国信用信息共享平台，按照国家规定实施联合惩戒。国家卫生健康委已印发《医疗卫生信用信息管理暂行办法》，建立了国家卫生健康委信用信息管理平台，初步建立了以社会信用代码为索引的医疗机构、卫生健康管理相对人信用档案，和以身份证号码为索引的医师、护士信用档案，初步搭起国家级、省级卫生健康信用信息记录联动体系框架，并将医疗卫生行业行政许可、行政处罚等信用信息纳入全国信用信息共享平台，实现了逢许可必查“信用黑名单”和卫生健康管理相对人“一处违法，处处受限”的工作模式。截至 2019 年 2 月，卫生健康各类信用信息库共收集、交换信用信息 1932 万多条，归集形成全国号贩子、无证行医等名单。不良信用信息应用于医疗机构注册联网管理系统和医师执业注册管理信息系统，共有101所被吊销医疗机构执业许可证的机构法人、20名被吊销执业资格的医师在再次注册申请时被拦截。

失信联合惩戒机制正在逐步确立。2018年10月，28部门联合印发《关于对严重危害正常医疗秩序的失信行为责任人实施联合惩戒合作备忘录》，打击暴力杀医伤医、在医疗机构寻衅滋事等严重危害正常医疗秩序的失信行为。黑龙江加强与相关部门协调，建立卫生健康系统守信联合激励和失信联合惩戒联动机制。河北推进医疗卫生领域社会信用体系建设，推动实施涉医违法犯罪联合惩戒。宁夏出台社会保险领域严重失信人限制乘坐火车、民用航空器政策。

深圳、重庆、宁夏、广西、湖北、上海和云南等地建立医疗机构和/或医师不良执业行为记分/积分制度，探索建立执法监督结果、不良执业行为积分与医疗机构校验、等级评审、管理者绩效考核、医师提供医保服务资质等关联机制。

青海、福建、甘肃、河南、上海等地加强医药企业信用建设。青海建立医药领域失信企业黑名单。福建建立药品耗材（含进口）供货生产企业、药品耗材配送企业黑名单。甘肃建立药企诚信档案及诚信积分公示制度。河南对全省药品生产企业开展信用等级评定，依据药品生产企业信用等级和产品风险分类确定监督检查的频次。上海市提出建立食品药品生产经营企业信用档案制度，并将药品医疗器械企业质量信用量化分级与产品风险分级相结合。

**（四）健全完善医疗纠纷预防和处理机制**

国务院办公厅《关于建立现代医院管理制度的指导意见》（国办发〔2017〕67号）提出推进院内调解、人民调解、司法调解、医疗风险分担机制有机结合的“三调解一保险”机制建设，妥善化解医疗纠纷，构建和谐医患关系。2013—2017年，全国医疗纠纷总量累计下降20.1%，每年超过60%的医疗纠纷通过人民调解方式化解，调解成功率达到85%以上[①]。自2018年10月1日起施行的《医疗纠纷预防和处理条例》进一步提出充分发挥人民调解在解决医疗纠纷中的主渠道作用，倡导以柔性方式化解医疗纠纷；规定了医疗纠纷的预防机制，规范了医疗纠纷自行协商、人民调解和行政调解的程序，明确了人民调解、行政调解中的专家咨询、鉴定等制度，与司法诉讼作了衔接。本法第九十六条规定国家建立医疗纠纷预防和处理机制，妥善处理医疗纠纷，维护医疗秩序，将医疗纠纷的预防和处理机制提升到法律层面，为进一步推动化解医疗纠纷、构建和谐的医患关系提供了高阶保障。

**（五）开展人大监督和社会监督**

本法第八十九条和第九十七条分别规定了基本医疗卫生与健康促进工作的人大监督权和社会监督权，第九十一条规定了医疗卫生机构绩效评估结果以适当方式向社会公开，以及社会公众对于评估的参与权。目前各地人大代表与政协委员、广大群众、媒体等均积极参与卫生监督。宁夏探索邀请人大代表和政协委员参与卫生执法监督。湖北拓宽了公众参与社会监督的渠道和方式，

① 2018年9月7日国家卫生健康委例行新闻发布会。

健全完善公众12320医疗服务电话举报受理平台，鼓励公众通过互联网、举报电话、投诉信箱等，反映行政相对人在医疗服务质量、违法违规执业等方面的问题。广东在省卫生健康委网站主页设立投诉监督专栏，公开投诉举报电话，在医疗机构张贴投诉举报专线电话公告，开通广东卫生监督App，鼓励社会群众参与医疗卫生行业监管。上海卫生监督机构在查处“高仿”网站过程中与媒体积极沟通，有效曝光相关机构。

## 第13篇

# 为提高药品供应保障水平建章立制

■傅鸿鹏

药品是用于防治疾病、促进健康的物质，包括中药、化学药和生物制品等，广义的药物还包括医疗器械。药品生命周期涉及研发、生产、流通、使用、支付等不同环节。药品是特殊商品，相比一般商品，具有四个鲜明特征：一是生命关联性，直接关系患者健康甚至生命安全；二是高度专业性，需要医生处方和药师调剂确保合理正确使用；三是高质量要求，需要专业部门负责生产流通各环节质量监管；四是社会福利性，各国普遍设立药品优惠政策便民利民。药品种类、价格、用量等指标常常被用于国际比较，衡量各国医疗水平和政府执政能力。为此，世界卫生组织总结提出了药品的三重定位：防治疾病的物质、卫生保健的重要资源、国家政策的重要工具，并于20世纪70年代提出“基本药物”和“国家药物政策”等重要概念，指导各成员国协调处理社会利益和经济利益之间的可能冲突，改进药品供应保障工作。

药品供应保障涉及品种供应、质量保障、短缺防范、经济保障等主要内容。在品种上需要聚焦于基本药物，同时也需要加强临床必需药品的开发。在质量上需要对生产、流通、使用进行全流程监管。在价格上需要坚持以市场机制为主导，促使公平交易形成合理价格。针对可能的短缺问题，需要设立医药储备以提高应对能力，加强供需监测以及时发现并调节市场，防范短缺。为此，基本医疗卫生与健康促进法在总结新医改以来改革成效和国内外经验的基础上，提出了基本药物、药品审评审批、全流程追溯、医药储备四项制度和价格监测、供求监测两个体系，为药品供应保障提供了完备的法制框架。

## 一、明确药品供应保障目标和基本政策框架

按照生命周期判断，药品领域的政策涉及药品生产、流通、使用、监测、筹资等一系列环节，其中生产、流通相关政策可归为产业政策，使用、监测、筹资等则可归为健康政策的一个部分。作为产业体系的组成部分，政府应鼓励药品生产、流通企业的健康发展。作为卫生政策体系的一部分，政府应保证患者对药品的需求得到及时满足、控制价格水平、监测不良反应事件。医药涉及患者生命安全，所以在一定程度上，医药产业的发展涉及国家安全问题。因此，从宏观层面产业政策与健康政策的平衡成为政府必须妥善处理的问题。在具体管理中，医药领域存在着仿制药与专利药、国内产品与国外产品、使用方与支付方、医生与药师、生产与流通、医院与药店等不同层面的利益竞争关系，任何一个层面协调不力都会影响药品的供应使用，影响到患者临床治疗用药。为确保药品供应保障水平，世界卫生组织建议成员国制定国家药物政策，表达和列举政府为药品领域设立的中期到长期的目

标，确定实现目标的主要战略，在战略框架下协调各部门和利益相关方的行动，并以基本药物为核心内容，促使药品发挥治病救人的本质属性。

新医改以来，党和政府坚持以人民群众为中心和问题导向，把建立健全以基本药物制度为基础的药品供应保障体系作为改革的四大内容之一，借鉴国内外经验，从供应保障入手完善国家药物政策，在审评审批、价格管理、流通体系、招标采购、基本药物制度各方面取得突破性进展。党的十九大之后，继续深化提出了药品供应保障制度建设的工作思路。归纳起来，改革政策围绕的核心问题是药品的质量安全、临床有效性和公平可及性，但解决这些方面的问题则需要多部门的配合，涉及药品生命的全周期。基本医疗卫生与健康促进法第五十八条规定“国家完善药品供应保障制度，建立工作协调机制，保障药品的安全、有效、可及”，从法律层面明确了药品供应保障的目标是安全、有效、可及，确立了药品供应保障制度在国家卫生法律体系中的地位。在后续条款中，又继续提出基本药物、审评审批、全流程追溯、医药储备、供应监测、价格监测等制度和体系，明确了药品供应保障制度的基本框架，为全面提高药品供应保障水平打下了基础。政府对药品管制的政策和所对应的药品属性见表 13－1。

**表 13－1 药品的特征与政府管制要求**

| 特征 | | 含义 | 政府的管制 |
|---|---|---|---|
| 使用特征 | 生命关联性 | 维持生命的物质 | 保证生产、供应 |
| | 公共福利性 | 可促进社会福利 | 鼓励新药研发 |
| | 高度专业性 | 由医生或药师提供 | 医生/药师管理 |

续表

| 特征 | | 含义 | 政府的管制 |
|---|---|---|---|
| 社会要求 | 高质量特征 | 有效、安全、稳定、均一<br>产品只分合格不合格，原则无优劣 | 质量监管 |
| 经济特征 | 需求弹性低 | 受价格影响小 | 定价、筹资、支付 |
| | 指导性需求 | 医生可创造需求 | 合理用药 |
| | 选择性需求 | 患者可有个人偏好 | 政府只保基本 |

## 二、为基本药物制度发展建设提供法律保障

药品种类虽然繁多，但使用频率不同。世界卫生组织在长期健康体系建设实践中发现，少数的药品可以满足大部分的临床需求。基于此，该组织1975年提出基本药物的概念，将其界定为“最重要、最基本、不可或缺的，全体居民卫生保健所必需的药物”。指出获得基本药物是一项基本人权，政府应当保障其供应和使用，国家药物政策核心是基本药物。基本药物概念提出后在世界各国得到普遍接受，至2001年，世界卫生组织的193个成员国中已有156个成员国制定了正式的国家基本药物目录，132个成员国发展了国家药物政策。我国在20世纪70年代迅速跟进世界卫生组织理念，着手基本药物工作，自1982年起我国卫生部连续制定了五版基本药物目录。但由于缺乏相应配套政策，未取得明显成效。2005年，中央成立深化医药卫生体制改革联系小组。针对药品领域存在的产业水平低下、质量参差不齐、流通秩序混乱、价格普遍虚高、不合理用药行为泛滥等问题，各界不约而同地提出建设国家基本药物制度的设想，呼吁在药品领域建设形成

基本制度，维护患者用药权益，促使产业健康发展。2009 年8 月，国务院办公厅印发《关于建立国家基本药物制度的实施意见》的通知，正式启动国家基本药物制度建设。

中国国家基本药物制度是对基本药物目录制定、生产供应、采购配送、合理使用、价格管理、支付报销、质量监管、监测评价等多个环节实施有效管理的制度。基本药物制度是党和政府为保障人民群众基本用药权益设立的重大医药政策，是政府在药品领域保障职能的集中体现，是药品供应保障体系的基础。2009 年8 月，国家基本药物制度建设起步，同步印发的国家基本药物目录（基层版），包括 307 种中西药和所有中药饮片。按照每年覆盖 30% 以上的政府办基层医疗卫生机构的速度，至 2011 年 11 月，国家基本药物制度实现了政府办基层机构的全覆盖，达到基本药物制度初步建立目标。调研数据表明，基层医疗卫生机构所售药品价格平均下降 38% 。其中，国家目录药品下降 54% ，省级目录药品下降 33% 。基层医疗卫生机构使用抗生素的处方数从每天每机构 53 个下降到 48 个，降幅近 10% 。使用激素的处方数从每天每机构 13 个下降到 9 个，降幅超过 1/4，合理用药水平总体改善。2012 年版《国家基本药物目录》于 2013 年 5 月 1 日起正式实施，包括化学药和生物制品 317 种，中成药 203 种，共计 520 种。2018 年 9 月，国家卫生健康委印发 2018 年版《国家基本药物目录》，涵盖 685 种药品，其中西药 417 种、中成药 268 种，新增肿瘤用药 12 种、临床急需儿童用药 22 种，覆盖临床主要疾病病种。新版目录优化了结构，突出常见病、慢性病以及负担重、危害大疾病和公共卫生等方面的基本用药需求，注重儿童等特殊人群用药，能更好地适应当前阶段基本医疗卫生需求。

随着全民医保体系基本建立，基本药物制度的内涵和功能也随之逐步明确。基本医疗卫生与健康促进法第五十九条和附则第一百零七条，通过立法的形式明确基本药物制度的功能，对制度建设发展进行了法律规定。一是从法律上明确基本药物的概念，附则第一百零七条规定基本药物是指“满足疾病防治基本用药需求，适应现阶段基本国情和保障能力，剂型适宜，价格合理，能够保障供应，可公平获得的药品”。二是明确基本药物制度建设的目的，是“遴选适当数量的基本药物品种，满足疾病防治基本用药需求”。三是明确基本药物目录的遴选调整方法，是“根据药品临床应用实践、药品标准变化、药品新上市情况等，对基本药物目录进行动态调整”。四是明确基本药物与基本医疗保险的关系，“基本药物按照规定优先纳入基本医疗保险药品目录”。五是提出基本药物保障水平的方法和目标，是“国家提高基本药物的供给能力，强化基本药物质量监管，确保基本药物公平可及、合理使用”。值得注意的是，法条中强调了基本药物的公平性和使用合理特征，这是基本药物之所以作为药品供应保障核心内容的重要特征。

## 三、突出保障定位，全面提高临床药品可及性

药品的可及性是指有需求的患者可以及时获得所需药品，主要包括技术可及、地理可及、经济可及三个方面。国际层面一般使用价格水平、可获得性、可负担性等指标来开展评价。其中，“可获得”指患者通过药品生产、批发、零售企业和医院药房能

获得所需品种和数量的药品，以及准确可靠的用药信息；“可负担”指人群收入水平能够负担得起药品费用，在社会认可范围内能支付得起。提高药品可及性是各国普遍认可的政策目标，也是供给侧和需求侧不同利益主体共同关注的主题。全面提高药品可及性需要从源头研发做起，涉及供需交易、价格管理、药品储备等不同环节的具体工作。

一是完善审评审批制度，提高药品技术可及性。审评审批是药品生命周期的源头，对于产业发展和产品供应具有极为重要的作用。提高药品可及性需要从源头扩大可供给品种范围。20 世纪 60 年代前，美国食品和药物管理局（FDA）对仿制药上市申请的管理非常宽松，但结果是药物不良反应事件和药害事件频发。1962 年美国对仿制药实施与专利药同样的审批政策，并且要求只有专利药期满后才可申报研制，虽然确保了仿制药质量，但延缓了仿制药开发，导致市面药品价格居高不下。为此 1984 年美国再度实施改革，优化仿制药注册申请，由此带来了药品创新和可及性的平衡，为美国医药产业占据全球主导地位提供了制度基础。我国医药产业基础尚较为薄弱，监管体制建设仍有待时日，提高药品的可及性，必须汲取国际有益经验，持续完善药品审评审批制度。

创新发展是医药行业的重要特征，国家鼓励医药创新，但必须坚持以临床需求为导向守正创新，这样才能符合患者需要和社会各方期待。在 20 世纪后期，我国医药创新标准不够严格，导致大量的改包装、改规格、奇异规格等“伪创新”药品出现，部分不良企业用“伪创新”规避政府价格监管、享受创新政策红利，不仅扰乱了市场，还打击了真正的医药创新企业的积极性。因此，基本医疗卫生与健康促进法第六十条指出“国家建立健全以临床需求为导向的药品审评审批制度，支持临床急需药品、儿童用药品和防治罕见病、重大疾病等药品的研制、生产，满足疾病防治需求”。为确保药品质量，第六十一条继续提出“国家建立健全药品研制、生产、流通、使用全过程追溯制度，加强药品管理，保证药品质量”。强调利用信息化手段保障药品生产经营质量的安全，防止假药、劣药进入合法渠道，并且实现药品风险控制，可精准召回。

二是推动完善价格机制，促使药品经济可及。药品价格是医药领域关键性利益交汇点，也是衡量药品经济可及性的重要指标之一，世界各国普遍对药品价格施加一定干预和管理，市场机制与政府作用相结合是药价管理的基本格局。欧盟委员会 2009 年对 25 个欧洲国家调研表明，有 18 个国家对非报销药品、19 个国家对非处方药品、9 个国家对创新药实施自由定价，但自由定价对象主要是非报销药品或非处方药品。同时自由定价并非在药品各流通环节全面实施，而是主要针对出厂环节。非报销药品全流通环节均实施自由定价的只有意大利、马耳他两个国家。针对医院用药，所调查国家主要运用集中招投标或价格谈判方式形成采购价格。

2013 年，党的十八届三中全会提出“使市场在资源配置中起决定性作用和更好发挥政府作用”的要求。按照这一原则，2015 年主管部门印发《推进药品价格改革的意见》，提出建立市场主导的药品价格形成机制的基本方向，政府通过组织公立医院药品集中采购构建药品购销竞争格局，通过开展价格监测了解、发现市场运行中存在的问题，通过对市场行为的监督检查，规范市场秩序，促进良性竞争。为此，基本医疗卫生与健康促进法第六十二条规定“国家建立健全药品价格监测体系，开展成本价格调查，加强药品价格监督检查，依法查处价格垄断、价格欺诈、不正当竞争等违法行为，维护药品价格秩序”。

我国公立医院药品集中采购制度于2000年开始探索，逐步完善形成集中带量采购模式。但由于我国医药市场结构尚不健全，医药企业低水平重复、产能过剩问题突出，在既往集中采购过程中曾出现过度竞争、低于成本报价以求中标现象，最终不利于药品市场的健康发展。为规范集中采购招投标行为，本法第六十二条第二款规定“国家加强药品分类采购管理和指导。参加药品采购投标的投标人不得以低于成本的报价竞标，不得以欺诈、串通投标、滥用市场支配地位等方式竞标”。

三是实施药品供应监测制度，确保供应及时性。药品供应覆盖了生产、流通、医院采购、药店购销等一系列环节，内在又包含物流、信息流、资金流等要素，一个环节出现问题，就会导致供应延迟滞后。尤其是信息化技术成熟后，医药流通领域开展信息化现代化建设，践行“零库存”理念提高经营效率，无形中导致了供应链的脆弱性，在一定程度上促使各国药品供应短缺问题频繁出现。近十几年来，我国医药工业快速发展，药品品种越来越多，市场规模越来越大，但受原材料生产、工业设施改造、企业兼并重组、价格机制不顺、供需对接信息不畅等因素影响，也不时出现临床药品供应不及时或短缺问题，影响患者临床治疗。

为应对短缺，政府需要做好供需动态监测，研判供应形势，及时发出预警，必要时启动干预措施。为此，本法第六十四条规定“国家建立健全药品供求监测体系，及时收集和汇总分析药品供求信息，定期公布药品生产、流通、使用等情况”，旨在主动调节药品供需关系，保证药品供应平稳有序，防范短缺现象发生。通过信息监测和数据利用引导规范市场，也是信息化社会中国家治理能力提升和治理体系现代化的一个重要体现。

四是加强储备，确保重大突发事件用药需求。加强医药储备管理，确保发生灾情、疫情及突发事故时药品、医疗器械的及时有效供应，维护社会稳定，是政府的重要职能。我国自 20 世纪 70 年代实施医药储备，90 年代建立起医药储备制度，该制度在各类公共卫生突发事件处置中发挥了重大作用。进入新的历史阶段，需要继续坚持医药储备制度，并不断改革完善。为此第六十三条指出“国家建立中央与地方两级医药储备，用于保障重大灾情、疫情及其他突发事件等应急需要”。法条明确了储备的使用范围是灾情、疫情及其他突发事件的应急需要，有助于区分常规性的药品短缺和特殊情况下的药品需求，为分类加强药品供应保障工作明确了方向。

## 四、体现需求导向，重视医疗器械管理

医疗器械是指单独或者组合使用于人体的仪器、设备、器具、材料或者其他物品，包括所需要的软件。医疗器械使用旨在达到对疾病的预防、诊断、治疗，对损伤或者残疾的治疗、监护、补偿，对解剖或者生理过程的调节或妊娠控制等目的。医疗器械作

用于人体主要通过物理手段，但药理学、免疫学或者代谢的手段也可能参与并起一定的辅助作用。直接作用于人体、对安全性有严格要求、临床使用量大、价格相对较高、群众费用负担重的医疗器械通常被称为高值医用耗材。

医疗器械属于广义的药物范畴，在管理中被列为药品的同类产品，各国对其在审评审批、生产、流通、使用各环节的政策流程与药品均基本一致。但在技术标准和管理规范的建设上，国内外对医疗器械的管理相比药品整体均比较滞后，我国相比差距更大。医疗器械产品种类繁多、技术特点复杂、组成结构差异大，为改进管理科学性、提高管理效率，解决当前医疗器械名称相对混乱、误导识别、存在夸张绝对用语等问题，2015 年起国家主管部门修改制定《医疗器械分类规则》《医疗器械通用名称命名规则》。为提高医疗器械标准水平，加强标准实施的监督检查，助推医疗器械创新发展，2018 年国家主管部门印发《医疗器械标准规划（2018—2020 年）》，计划到 2020 年建成基本适应医疗器械监管需要的医疗器械标准体系。经过十余年的努力，我国医疗器械管理政策体系不断走向完善。

除了管理体系相对滞后，我国医疗器械产业发展也急需加快步伐。医疗器械覆盖范围广泛，简单的如口罩、压舌板、手术刀，复杂的有心脏起搏器、电子耳蜗、智能假肢等，涉及医药、机械、电子、塑料等多个学科，是知识密集、资金密集的高技术产业。近年来，全球医疗器械市场规模不断增长，新型医疗器械层出不穷，填补了大量临床空白。我国医疗器械市场规模也在逐年扩大，2016 年达到 1600 亿元人民币，占全球市场份额的 12%。但在高值医用耗材市场中，大多数被进口产品占据。国产高值医用耗材主要以骨科耗材和心脏支架产品为主，其他新型高值耗材多被国外企业垄断，价格居高不下。为推动产业发展，高性能医疗器械被列为《中国制造 2025》规划十大重点领域之一。

为进一步促进药品医疗器械产业结构调整和技术创新，提高产业竞争力，满足公众临床需要，通过竞争提高高端医疗器械的经济可及性，2017 年 10 月中共中央办公厅、国务院办公厅印发《关于深化审评审批制度改革鼓励药品医疗器械创新的意见》，大力推动药品医疗器械产业创新。针对高值医用耗材价格虚高、过度使用等群众反映强烈、社会关注度高的突出问题，2019 年 7 月国办印发《治理高值医用耗材改革方案》，旨在规范医疗服务行为，控制医疗费用的不合理增长，维护人民群众的健康权益。根据医疗器械领域发展需要，基本医疗卫生与健康促进法第六十五条规定“国家加强对医疗器械的管理，完善医疗器械的标准和规范，提高医疗器械的安全有效水平”。

医疗设备从产品分类上属于医疗器械的一个子类。大型医疗设备是重要的卫生资源。为鼓励医疗技术发展，使医疗机构有效收回投资成本，我国对包括大型医疗设备在内的新技术和新项目允许按成本和一定利润率进行收费，但同时对大型医疗设备配置实施规划管理。目的是避免过度配置大型设备导致的资源浪费，同时也防止过度配置大型设备可能导致的过度检查、重复检查问题，确保资源充分利用和公平使用。为此，基本医疗卫生与健康促进法第六十五条第二款规定“国务院卫生健康主管部门和省、自治区、直辖市人民政府卫生健康主管部门应当根据技术的先进性、适宜性和可及性，编制大型医用设备配置规划，促进区域内医用设备合理配置、充分共享”。

## 五、加强中医药传承保护和发展

中医药是包括汉族和少数民族医药在内的我国各民族医药的统称，是反映中华民族对生命、健康和疾病的认识，具有悠久历史传统和独特理论及技术方法的医药学体系。中医药强调整体把握健康状态，注重个体化，突出治未病，临床疗效确切，治疗方式灵活，养生保健作用突出，是我国独具特色的健康服务资源。同时，中医药也是潜力巨大的经济资源和具有原创优势的科技资源，在我国经济社会发展中发挥着日益重要的作用。中华人民共和国成立后特别是改革开放以来，党中央、国务院制定了一系列政策措施，推动中医药事业发展取得显著成就。

党的十八大以来，党中央、国务院将中医药传承发展提高到前所未有的高度。2013 年《中共中央关于全面深化改革若干重大问题的决定》指出要“完善中医药事业发展政策和机制”。2015 年起，先后印发《中医药健康服务发展规划（2015—2020 年）》《中药材保护和发展规划（2015—2020 年）》《中医药发展战略规划纲要（2016—2030 年）》等中医药发展专项规划和总体规划。2016 年底正式出台实施《中华人民共和国中医药法》，为中医药传承保护和发展提供了强有力的政策支撑，中医药事业取得前所未有的快速发展。中医医疗服务体系不断健全，2018 年末，全国中医类医疗卫生机构总数达 60 738 个，比 2012 年增长 70. 48%，中医药卫生人员总数达 71. 5 万人，比 2012 年增长 49. 90%。2018 年，全国中医类医疗卫生机构总诊疗人次达10.7亿人次，提供中医服务的社区卫生服务中心占同类机构的98.5%，满足了巨量的人群健康需求。中医药科研迈上新台阶，屠呦呦因发现青蒿素获得2015年诺贝尔生理学或医学奖，凸显了中医药对人类健康的重大贡献。

目前，我国中医药发展处在能力提升推进期、健康服务拓展期、参与医改攻坚期和政策机制完善期。随着全面建成小康社会目标实现，人民群众迸发出多层次、多样化的健康服务需求，为中医药发展提出新的机遇和挑战。深化医药卫生体制改革，加快推进健康中国建设，迫切需要在构建中国特色基本医疗制度中发挥中医药的特色作用。中医药注重整体观、追求天人合一、重视治未病、讲究辨证论治，符合当今医学发展的方向，适应疾病谱的变化和老龄化社会的到来。但中医药服务体系、模式和机制还不能完全与人民群众的需求相适应，中医药资源总量仍然不足，基层发展薄弱，还不能满足人民群众的需求。中医药继承不足、创新不够的问题没有得到根本解决，特色优势淡化，学术发展缓慢。高层次人才不足，基层人员短缺，中医药人员的中医思维和人文素养尚需加强。随着国内外社会经济环境不断出现一些新情况、新问题，需要持续加强对中医药发展的重视程度。为此，基本医疗卫生与健康促进法第九条规定“国家大力发展中医药事业”，第六十六条继续规定“国家加强中药的保护与发展，充分体现中药的特色和优势，发挥其在预防、保健、医疗、康复中的作用”。

第 14 篇

# 卫生健康法律责任的与时俱进与创新

■ 曹艳林

尽管我国已经有《中华人民共和国传染病防治法》《中华人民共和国执业医师法》《中华人民共和国药品管理法》《中华人民共和国食品安全法》以及《医疗机构管理条例》等法律法规分别从不同角度对不同主体的不同卫生健康违法行为规定了法律责任形式和处罚内容，但由于我国的部分法律法规如《中华人民共和国执业医师法》《医疗机构管理条例》颁布时间是 20 世纪，相关的法律处罚措施和处罚力度已不能适应医疗卫生事业发展对违法行为处罚法律责任的需求，加之我国一直没有一部卫生健康领域的综合性法律，相关部门、机构、个人对卫生健康事业发展不作为或乱作为的法律责任也不明确，有待进一步完善。自 2020 年 6 月 1 日起施行的《中华人民共和国基本医疗卫生与健康促进法》是我国卫生健康领域首部基础性、综合性法律，该法对卫生健康事业发展中，某些部门、机构和个人的违法行为、不作为和乱作为的行为，从法律责任追究方面作出与时俱进与创新性的规定。

## 一、规定各级政府、卫生健康主管部门及相关部门人员滥用职权、玩忽职守、徇私舞弊等的法律责任，促进卫生健康事业稳定发展

本法第九十八条规定：违反本法规定，地方各级人民政府、县级以上人民政府卫生健康主管部门和其他有关部门，滥用职权、玩忽职守、徇私舞弊的，对直接负责的主管人员和其他直接责任人员依法给予处分。政府主管部门及相关部门的工作人员在卫生健康事业发展中发挥着非常重要的作用，也拥有丰富的资源和非常大的权力，如何保障权力依法运行，将权力关进制度的笼子，是这次基本医疗卫生与健康促进法重点关注的内容之一。在法律责任这一章，第一个法律条文规定的是地方各级人民政府、卫生健康主管部门、政府相关主管部门的主管人员和直接责任人的法律责任，体现了国家在医疗卫生事业发展过程中，在基本医疗卫生与健康促进法立法中对政府部门及工作人员遵纪守法和责任担当的重视。

本法第七条规定：国务院和地方各级人民政府领导医疗卫生与健康促进工作。国务院卫生健康主管部门负责统筹协调全国医疗卫生与健康促进工作。国务院其他有关部门在各自职责范围内负责有关的医疗卫生与健康促进工作。县级以上地方人民政府卫生健康主管部门负责统筹协调本行政区域医疗卫生与健康促进工作。县级以上地方人民政府其他有关部门在各自职责范围内负责有关的医疗卫生与健康促进工作。第九十一条规定：县级以上地方人民政府卫生健康主管部门应当建立医疗卫生机构绩效评估制

度，组织对医疗卫生机构的服务质量、医疗技术、药品和医用设备使用等情况进行评估。评估应当吸收行业组织和公众参与。评估结果应当以适当方式向社会公开，作为评价医疗卫生机构和卫生监管的重要依据。

本法第九十八条规定的法律责任是对直接负责的主管人员和其他直接责任人员依法给予处分。“依法”主要是指依照《中华人民共和国公务员法》《行政机关公务员处分条例》等法律法规和规章的规定。公务员法第六十二条规定：处分分为警告、记过、记大过、降级、撤职、开除。第六十四条规定：公务员在受处分期间不得晋升职务、职级和级别，其中受记过、记大过、降级、撤职处分的，不得晋升工资档次。受处分的期间为：警告，六个月；记过，十二个月；记大过，十八个月；降级、撤职，二十四个月。受撤职处分的，按照规定降低级别。第六十五条规定：公务员受开除以外的处分，在受处分期间有悔改表现，并且没有再发生违纪违法行为的，处分期满后自动解除。解除处分后，晋升工资档次、级别和职务、职级不再受原处分的影响。但是，解除降级、撤职处分的，不视为恢复原级别、原职务、原职级。

本法没有规定地方各级人民政府、县级以上人民政府卫生健康主管部门和其他政府主管部门，滥用职权、玩忽职守、徇私舞弊的单位责任，而是直接规定了对直接负责的主管人员和其他直接责任人员依法给予处分。相对而言，对相关的政府机关和部门的责任追究，难以落实，而对直接负责的主管人员和其他直接责任人员追究行政责任则更具可操作性和执行性。

## 二、规定了新的违法形式及责任形式和内容，加大了对违法行为的处罚力度，为卫生健康执法提供依据

本法第九十九条规定：违反本法规定，未取得医疗机构执业许可证擅自执业的，由县级以上人民政府卫生健康主管部门责令停止执业活动，没收违法所得和药品、医疗器械，并处违法所得五倍以上二十倍以下的罚款，违法所得不足一万元的，按一万元计算。违反本法规定，伪造、变造、买卖、出租、出借医疗机构执业许可证的，由县级以上人民政府卫生健康主管部门责令改正，没收违法所得，并处违法所得五倍以上十五倍以下的罚款，违法所得不足一万元的，按一万元计算；情节严重的，吊销医疗机构执业许可证。在基本医疗卫生与健康促进法施行前，针对上述两种违法行为的处罚，主要是按照1994年颁布的《医疗机构管理条例》第四十四条和第四十六条的规定进行处罚。《医疗机构管理条例》第四十四条规定：违反本条例第二十四条规定，未取得《医疗机构执业许可证》擅自执业的，由县级以上人民政府卫生行政部门责令其停止执业活动，没收非法所得和药品、器械，并可以根据情节处以1万元以下的罚款。第四十六条规定：违反本条例第二十三条规定，出卖、转让、出借《医疗机构执业许可证》的，由县级以上人民政府卫生行政部门没收非法所得，并可以处以5000元以下的罚款；情节严重的，吊销其《医疗机构执业许可证》。不难看出，在针对未取得《医疗机构执业许可证》擅自执业的处罚力度上，基本医疗卫生与健康促进法规定的处罚额

度比《医疗机构管理条例》提高了至少五倍，大大提高了违法成本，提升了法律处罚的震慑力。同时，《医疗机构管理条例》只规定了出卖、转让、出借《医疗机构执业许可证》的处罚，而基本医疗卫生与健康促进法规定了伪造、变造、买卖、出租、出借医疗机构执业许可证的法律责任，将伪造、变造《医疗机构执业许可证》等行为规定为法律禁止的行为，增加了违法的形式，堵住了法律上的漏洞，并大大提高了违法成本。

本法第一百条规定：违反本法规定，有下列行为之一的，由县级以上人民政府卫生健康主管部门责令改正，没收违法所得，并处违法所得二倍以上十倍以下的罚款，违法所得不足一万元的，按一万元计算；对直接负责的主管人员和其他直接责任人员依法给予处分：（一）政府举办的医疗卫生机构与其他组织投资设立非独立法人资格的医疗卫生机构；（二）医疗卫生机构对外出租、承包医疗科室；（三）非营利性医疗卫生机构向出资人、举办者分配或者变相分配收益。这些法律责任所针对的违法行为，是对我国医药卫生体制改革过程中一些禁止性政策的法律确认，既体现了我国卫生健康事业为公益事业的价值取向，也为各地医药卫生体制改革中不应涉及的行为画下了红线。

## 三、明确了医疗卫生机构、医疗卫生人员的信息安全、隐私保护、执业道德、伦理规范等法律责任，有益于患者权益保护

本法第一百零一条规定：违反本法规定，医疗卫生机构等的医疗信息安全制度、保障措施不健全，导致医疗信息泄露，或者

医疗质量管理和医疗技术管理制度、安全措施不健全的，由县级以上人民政府卫生健康等主管部门责令改正，给予警告，并处一万元以上五万元以下的罚款；情节严重的，可以责令停止相应执业活动，对直接负责的主管人员和其他直接责任人员依法追究法律责任。第一百零二条规定：违反本法规定，医疗卫生人员有下列行为之一的，由县级以上人民政府卫生健康主管部门依照有关执业医师、护士管理和医疗纠纷预防处理等法律、行政法规的规定给予行政处罚：（一）利用职务之便索要、非法收受财物或者牟取其他不正当利益；（二）泄露公民个人健康信息；（三）在开展医学研究或提供医疗卫生服务过程中未按照规定履行告知义务或者违反医学伦理规范。前款规定的人员属于政府举办的医疗卫生机构中的人员的，依法给予处分。尽管上述规定没有明确提出如何保障患者权益，但通过对医疗卫生机构和医务人员相关法律责任的设置，实际上达到了保护患者权益的目的。

在今天和未来，当移动互联网、大数据和机器智能三者叠加后，我们生活在一个隐私、信息非常容易被暴露的社会。信息技术、人工智能技术的快速发展，给广大患者提供就医便利的同时，也给患者隐私保护带来了巨大的挑战。随着信息技术的快速发展和应用，每个人在医疗方面的信息或隐私都在虚拟的网络系统中留下痕迹，如果管理不善，就有可能让不法分子有机可乘。在人工智能技术快速发展及应用的过程中，智能移动终端和可穿戴设备的广泛使用，为收集人们与健康相关的信息提供了非常有效的手段，但也为不法分子收集公民个人健康信息和患者医疗信息提供了途径。公民健康信息和患者隐私保护是医疗人工智能面临的重大挑战，应对该挑战除了完善相应技术外，更应通过完善法律制度来予以保障。基本医疗卫生与健康促进法对隐私保护和信息安全非常重视，明确规定了医疗卫生机构等的医疗信息安全制度、保障措施不健全，导致医疗信息泄露的处罚措施。

2013 年，为进一步加强医疗卫生行风建设，严肃行业纪律，促进依法执业、廉洁行医，针对医疗卫生方面群众反映强烈的突出问题，国家卫生计生委、国家中医药管理局制定了《加强医疗卫生行风建设“九不准”》，明确规定不准收受回扣，不准收受患者“红包”。本法在总结医药卫生体制改革过程中，对医疗卫生人员医德医风建设的经验基础上，明确规定对医疗卫生人员利用职务之便索要、非法收受财物或者牟取其他不正当利益的行为将由县级以上人民政府卫生健康主管部门依法给予行政处罚，为针对上述行为的行政处罚提供了法律指引。

## 四、规定处罚扰乱药品招标采购、基本医疗保险骗保、扰乱医疗卫生机构秩序等行为的法律，保障医疗卫生事业健康有序发展

本法第一百零三条规定：违反本法规定，参加药品采购投标的投标人以低于成本的报价竞标，或者以欺诈、串通投标、滥用市场支配地位等方式竞标的，由县级以上人民政府医疗保障主管部门责令改正；中标的，中标无效，并处中标项目金额千分之五以上千分之十以下的罚款；情节严重的，取消其二年至五年内参加药品采购投标的资格并予以公告。第一百零四条规定：违反本法规定，以欺诈、伪造证明材料或者其他手段骗取基本医疗保险

待遇，或者基本医疗保险经办机构以及医疗机构、药品经营单位等以欺诈、伪造证明材料或者其他手段骗取基本医疗保险基金支出的，由县级以上人民政府医疗保障主管部门依照有关社会保险的法律、行政法规规定给予行政处罚。第一百零五条规定：违反本法规定，扰乱医疗卫生机构执业场所秩序，威胁、危害医疗卫生人员人身安全，侵犯医疗卫生人员人格尊严，非法获取、利用和公开公民个人健康信息，构成违反治安管理行为的，依法给予治安管理处罚。这些法律规定的出台、实施，将更为有力地保障药品采购招标和基本医疗保险基金使用规范、有序地进行，保障医疗卫生机构正常的运行秩序不受非法干扰和破坏，保障医疗卫生人员人身安全和人格尊严不受侵害。

长期以来，在药品招标采购方面，一些医药企业会以低于成本的报价竞标，或者以欺诈、串通投标、滥用市场支配地位等方式竞标。这些行为严重扰乱了药品招标采购秩序，而如何对这些企业和相关负责人予以处罚，没有明确的法律依据。本法对药品招标采购中的违法行为类型进行了列举式规定，并明确规定了处罚措施，有利于对上述违法行为进行预防和处理。同时，本法第八十七条规定：县级以上人民政府医疗保障主管部门应当提高医疗保障监管能力和水平，对纳入基本医疗保险基金支付范围的医疗服务行为和医疗费用加强监督管理，确保基本医疗保险基金合理使用、安全可控。而第一百零四条的处罚措施规定，既是保障县级以上人民政府医疗保障主管部门履行监管职责的需要，也是保障医保基金合理使用、安全可控的重要措施，将为打击各种类型的医保骗保行为提供法律依据。

《中华人民共和国基本医疗卫生与健康促进法》作为我国卫生健康领域的基础性、综合性法律，如何确保法律设置的各项制度能顺利实施，法律责任是一个很重要的保障手段。法律责任主要有三种形式：刑事责任、民事责任和行政责任。刑事责任由刑法规定，民事责任由我国的民事基本法《中华人民共和国民法典》予以规定，基本医疗卫生与健康促进法主要是从行政责任的角度，在现有各项卫生健康相关法律、法规已经规定的各种违法行为法律责任的基础上，针对卫生健康事业发展的新形势、新特点和新问题，与时俱进、积极创新，规定了新的违法行为及处罚形式和内容，为卫生健康事业健康稳定发展，为健康中国战略顺利实施保驾护航。